W0469388

Susann Pásztor & Klaus-Dieter Gens
Ich höre was, das du nicht sagst
Gewaltfreie Kommunikation in Beziehungen

Susann Pásztor & Klaus-Dieter Gens

Ich höre was, das du nicht sagst

Gewaltfreie Kommunikation in Beziehungen

Junfermann Verlag • Paderborn
2008

2. Auflage 2007
3. Auflage 2008
Covergestaltung/Reihenentwurf: Christian Tschepp
Coverfoto: © Kris Hanke fotolia.com

Satz: JUNFERMANN Druck & Service, Paderborn

Bibliographische Information der Deutschen Bibliothek
Die Deutsche Bibliothek verzeichnet diese Publikation in der Deutschen Nationalbibliographie; detaillierte bibliographische Daten sind im Internet über http://dnb.ddb.de abrufbar.

ISBN 978-3-87387-599-9

Inhalt

Vorwort 8

1. Einführung 10
Tanzstunde 10
Eine Einladung 12
... zum Lebendigsein 13

2. Was ist Gewaltfreie Kommunikation? 15
Das Konzept 15
Eine Sprache des Lebens · Von Wölfen und Giraffen · Werturteile und moralische Urteile · Empathie · Verantwortung übernehmen
Die vier Schritte der Gewaltfreien Kommunikation 17
1. Beobachtungen · 2. Gefühle · 3. Bedürfnisse · 4. Bitten
Das Ziel 18
Über die Anwendung Gewaltfreier Kommunikation im Alltag 18

3. »Ich hab's genau gesehen!« – *Von der Unterstellung zur Beobachtung* 20
Elternabend 20
Immer, ständig, nie: Zeit ist eine Illusion 21
Die Kunst des Beobachtens 22
Noch ein Wort zu unserer Vorgehensweise 23
Was ist passiert? 23
Gefühle 24
Bedürfnisse 25
Bitten 25

4. »Ich hab's doch gleich gesagt!« – *Vom Rechthabenwollen zum Konsens* 27
Irrfahrt 27
Recht statt Glück? 28
Vergleiche und Ironie 29
Was hat gestört? 30
Gefühle 31
Bedürfnisse 31
Bitten 32

5. »Wie konntest du nur!« – *Die wandelbare Welt der Vorwürfe* 33
Startbahn 33
Moralische Urteile und Vorwürfe 34
Verantwortung leugnen 35
Verdienen 35
Eine negative Äußerung – vier Reaktionsmöglichkeiten 36
1. Wahlmöglichkeit: Selber Schuld! · 2. Wahlmöglichkeit: Du hast Schuld! · 3. Wahlmöglichkeit: Was fühle und was brauche ich jetzt? · 4. Wahlmöglichkeit: Was fühlt und was braucht der andere?
Und noch einmal von vorn 37

6. »Nur wegen dir geht's mir schlecht.« *Über Gefühle und Verantwortung* 39
Jubiläum 39
Die Macht der Gefühle 40
Wer macht die Gefühle? 41
Solo für Romeo 43
Der Goldene Weg · Den Auslöser anerkennen · Um Wertschätzung bitten · Nach Einfühlung fragen · Kurze Pause I · Kurze Pause II

7. »Ach, komm doch endlich!« – *Über Bedürfnisse und Strategien* 45
Heimspiel 45
Bedürfnisse 46
... und Strategien 47
Bedürfnisse in Beziehungen 47
Solo für Julia 48
Einfühlung für Romeo 49

8. »Würdest du wohl ... ?« – *Die Kunst des Bittens I* 51
Chaos 51
Bitte! 52
Positive Sprache · Tun statt Sein · Die Dinge beim Namen nennen · Hier und Jetzt! · Auf den Punkt kommen · Weiterführende Bitten
In eigener Sache 54

9. »Nein. Jetzt nicht.« – *Die Kunst des Bittens II* 56
Stopp 56
Mit einem Nein umgehen 57
Und was steckt dahinter? 57
„Nein" in Beziehungen 59

10. »Wie fühlst du dich?« – *Über Empathie* 60
Lammfilet 60
Was ist Einfühlung? 61
Drei Bedingungen für Empathie 62
Absicht · Präsenz · Ausrichtung
Die Grenzen der Empathie 62
Gut gefragt 63
Sympathie oder Empathie? 63
Ausfühlung 64

11. »Am Anfang war es noch eine Vision, aber dann …«
Ein Interview mit Klaus-Dieter Gens und Katarina Schmidt 65
Reality Check 65
Konfliktpotential 66
Eine bewußte Entscheidung 68
Wenn Wölfe durch die Wohnung laufen 69
Eine Frage der Haltung 70
Rituale 72
Den anderen beim Wort nehmen 74
Werte und Grenzen 75
Die Vision 78
Anleitung zum Glücklichsein 79
Alltagspraxis 81
Und immer wieder: Gefühle 83
Gewaltfrei leben 84

12. Stellen Sie sich vor … 86

Anhang 88
Gefühlsworte, die auf erfüllte Bedürfnisse hinweisen 88
Gefühlsworte, die auf unerfüllte Bedürfnisse hinweisen 89
Interpretation statt Gefühl 91
Identifizierung von „Interpretationsgefühlen“ ·
Es ist wahrscheinlich eine Interpretation · Ausdruck wirklicher Gefühle
Bedürfnisse 92

Über Marshall B. Rosenberg 93
Das Center for Nonviolent Communication 93
Trainer im deutschsprachigen Raum 94
Das Zentrum Gewaltfreie Kommunikation Berlin e.V. 94

Vorwort

Ich bin überzeugt, Sie haben sich einen Partner, eine Partnerin auserwählt, weil Sie glücklich sein möchten, eine schöne Beziehung leben wollen, Gemeinsamkeit, Nähe, Zuwendung brauchen. Doch wie viele Tage enden mit Enttäuschung, Traurigkeit oder sogar Haß – gegen den Partner oder gegen sich selbst.

Warum ist es manchmal so schwierig zu bekommen, was die Beziehung erfüllen soll oder sollte? Streit, Konflikte, verbale und körperliche Gewalt sind nicht die böse Absicht des anderen. Es ist nicht der Versuch, dem anderen zu schaden – es ist der Versuch, zur Beziehung und zum Leben beizutragen. Leider allerdings oft auf eine traurige, schädigende Weise, hinter der der Wunsch, beizutragen, nicht mehr zu erkennen ist. Man hat uns viele destruktive Weisen beigebracht, das Leben zu beeinflussen: Schuldzuweisungen, Scham, Drohungen und Bestrafungen oder auch Belohnen und Schmeicheln. Dies sind alles Wege, mit denen man Menschen mehr beherrschen als positiv beeinflussen kann. Sie erzeugen vielmehr Unwillen, Widerstand oder Haß. Für eine Paarbeziehung oder eine Familie sind sie eher ungeeignet, wie viele Gespräche in unseren Seminaren und Beratungen zeigen. Wir verwenden solche Muster, weil wir keine besseren haben, und oft in Kenntnis der Wirkungslosigkeit. Wie oft können Sie schon im Voraus sehen, daß diese oder jene Auseinandersetzung nur traurig und schmerzlich enden kann?

Ich habe mich über das Angebot, an diesem Buch mitzuwirken, sehr gefreut, weil ich weiß, daß es möglich ist, eine glückliche oder zumindest befriedigende Beziehung mit fast jedem Menschen zu leben – dies ist mir besonders wichtig mit den Menschen, die ich liebe: meine „große" Tochter Lydia, meine Partnerin Katarina und ihre beiden Töchter Anne und Theresa. Mit ihnen haben wir uns auf die Entdeckungsreise liebevoller Umgangsweisen gemacht.

Für uns ist es die Gewaltfreie Kommunikation – von Dr. Marshall Rosenberg entwikkelt –, die eine Veränderung unserer Beziehungen bewirkt hat. Eine schlichte, wirkungsvolle Kommunikationsweise, keine schwierige Therapie, kein Wühlen in (alten) Konflikten. Eine Methode, die Schluß macht mit Vorwürfen, Schuldzuweisungen, Angriffen, Interpretationen, Bestrafungen und Schmeichelei. Mit dieser Methode lernen Sie, vorbeugend mit Respekt und Achtung, Verständnis und direkten Bitten Ihrem Partner oder Ihrer Partnerin gegenüber zu treten, und Sie können die wohltuende und verbindende Wirkung des gegenseitigen Verständnisses und des Mitgefühls erleben.

In diesem Buch erfahren Sie, wie Sie mehr von dem bekommen, was Sie in Ihrer Beziehung brauchen. Gemeinsam mit einem fiktiven Liebespaar können Sie sich in 10 Stufen auf den Weg machen, Untiefen und Klippen zu umschiffen und zu lernen, offener und direkter das zu kommunizieren, was Sie brauchen und von dem anderen wünschen. Jedes Kapitel mit einem erdachten, aber realitätsnahen Dialog zeigt jeweils eine Kommunikationshürde auf, und wir arbeiten mit dem Paar an Veränderungen der Einstellung und Gesprächsweise. Schritt für Schritt erleben Sie mit, wie unser Paar seine Kommunikationsfähigkeiten entwickelt und immer weniger frustriert und hilflos sein muß.

Wenn es Ihnen manchmal fremd vorkommt, wie die beiden in unserem Buch miteinander gewaltfrei reden, so finden Sie im 11. Kapitel die Umsetzung der Methode in den Alltag eines realen Paares. Dieses Interview hat uns sehr viel gegeben und uns die Bedeutung unserer Partnerschaft noch einmal vor Augen geführt.

Noch einen Nebeneffekt habe ich beim Schreiben dieses Buches an mir selbst festgestellt: Die Dialoge unseres Pärchens, die schief gehen, sind realitätsnah schrecklich. Sie rufen so viel Erfahrungsschmerz in mir hervor, daß ich viel tun würde, um nicht mehr in solche Situationen zu geraten. Mit der Gewaltfreien Kommunikation weiß ich sogar, wie.

Freude und Glück wünscht Ihnen
Klaus-Dieter Gens

1. Einführung

Tanzstunde

„Liebling, das war eine wunderbare Idee, diesen Tanzkurs gemeinsam zu besuchen."

„Ja, nicht? Endlich machen wir mal wieder etwas zusammen. Obwohl ich ja eigentlich lieber den Fortgeschrittenenkurs belegt hätte ... Ein bißchen unterfordert fühle ich mich hier schon – au!"

„Na, das war jetzt wohl eine kleine Erinnerung daran, daß du doch noch nicht so fortgeschritten bist, was?"

„Wie bitte? Du bist gerade völlig aus dem Rhythmus gekommen, mein Süßer, hör doch mal hin: eins-zwei-drei, eins-zwei-drei ... Immer schön im Takt bleiben!"

„Es ist natürlich immer leichter, am Stil des anderen herumzumeckern, wenn man sich nur führen zu lassen braucht."

„Also, wenn ich dir die Führung überlassen hätte, wären wir schon längst gegen die Wand geprallt. Hoppla!"

„Das war jetzt aber eindeutig deine Schuld."

„Wenn du auch nicht richtig führen kannst!"

„Ein gewisser Zusammenhang mit dir läßt sich aber nicht verleugnen, Liebling ... Vorhin beim Partnerwechsel habe ich zum Beispiel mit der Dame im grünen Kleid einen perfekten Foxtrott aufs Parkett gelegt! Ein himmelweiter Unterschied zu unserem Gestolpere hier!"

„Meinst du etwa diese blonde Zicke mit dem Riesenbusen?"

„Also wirklich, solche sexistischen Sprüche hätte ich nicht von dir erwartet."

„Die so rumläuft, als wollte sie sich alle Männer unter den Nagel reißen?"

„Ich glaube, wir sprechen von der gleichen Person, ja."

„Ich wette, du hast die ganze Zeit nur in ihr Dekolleté geschaut."

„Habe ich nicht. Sonst hätte ich kaum mit ihr tanzen können."

„Ja, beides gleichzeitig geht im Anfängerkurs noch nicht so gut, was? Und was kann sie denn so toll, deine blonde Traumfrau? Läßt sie sich willig von dir führen, und sei es mitten hinein in – Vorsicht! Da stehen doch Leute!"

„Jetzt hast du aber einen falschen Schritt gemacht. An der Stelle hättest du mit dem linken Bein den Schritt nach hinten machen müssen, nicht mit dem rechten."

„Aber wenn du mit dem linken Bein nach vorn gehst, bleibt mir doch gar nichts anderes übrig!"

„Ich habe aber mit dem rechten Bein einen Schritt nach vorn gemacht, schau, so."

„Glaubst du, das merke ich nicht selber? Ich bin völlig durcheinander wegen dieser Frau."

„Wieso denn das?"

„Du hast gesagt, sie tanzt besser als ich."

„Das habe ich nicht gesagt. Ich habe gesagt, ich hätte vorhin besser getanzt mit ihr."

„Das ist ja wohl ein und dasselbe."

„Nein, ist es nicht. Du tanzt viel besser als sie. Ich meinte damit nur, daß es viel schöner wäre, wenn du nicht dauernd ..."

„Hey! Das war mein Fuß!"

„Entschuldige bitte. Sollten wir vielleicht einfach mal eine Runde aussetzen?"

„Willst du etwa nicht mehr mit mir tanzen?"

„Natürlich will ich mit dir tanzen, das weißt du doch."

„Gar nichts weiß ich. Du sagst immer wieder, du würdest lieber mit anderen Frauen tanzen. Kannst du dir nicht vorstellen, wie mich so was verunsichert?"

„Schatz, ich habe doch nur gesagt ..."

„Wie soll ich harmonisch mit dir tanzen, wenn ich weiß, daß du ständig an andere Frauen denkst?"

„Herrgott noch mal, ich denke überhaupt nicht an andere Frauen. Aber wenn du nicht bald aufhörst mit deinem ewigen Gezeter ..."

„Achtung! Das war jetzt aber knapp. Die beiden eben haben ganz böse geguckt."

„Ich kann auch nicht beides gleichzeitig – dich führen und mich mit dir streiten."

„Dann schon lieber in andere Ausschnitte gucken, was?"

„So tanze ich nicht weiter. Ich gehe jetzt nach drüben zu unserem Tisch und trinke etwas."

„Und mich willst du hier einfach so stehen lassen, mitten auf der Tanzfläche?"

„Du kannst ja mitkommen."

„Ich bin aber hier, um tanzen zu lernen – mit dir!"

„Na siehst du, das Lied geht sowieso gerade zu Ende. Wie? Was hat der Tanzlehrer gerufen?"

„Er hat gesagt: ‚Partnerwechsel, bitte!' Wehe, du wagst es!"

Eine Einladung ...

Wird er es tun? Wir jedenfalls wagen es nicht, uns weiter auszumalen, was als nächstes geschieht, und überlassen die zwei vorerst ihrem Schicksal. Wir werden ihnen im Lauf dieses Buches noch einige Male begegnen. Sie sollen uns mit ihren Dialogen erheitern und unterhalten, aber sie erfüllen auch noch andere, wichtigere Aufgaben: An ihren Gesprächen werden wir erkennen können, wie verbale Gewalt entsteht, wie sie sich entfaltet, was sie verbirgt – und wie sie verhindert werden kann. Denn Gewalt in Beziehungen beginnt nicht erst dort, wo Geschirr zertrümmert, Flüche gebrüllt oder gar Fäuste eingesetzt werden. Sie fängt bereits da an, wo verglichen und bewertet wird, gefordert und beschuldigt, verallgemeinert und beurteilt, kritisiert und korrigiert. Und das macht, wenn wir genau hinschauen, einen nicht unerheblichen Anteil der Kommunikation in Beziehungen aus – selbst wenn die Beteiligten der Meinung sind, das Gespräch sei doch eigentlich „recht friedlich" verlaufen.

Gewaltfreie Kommunikation – viele von Ihnen müssen bereits davon gehört haben und sich dafür interessieren, sonst hätten Sie dieses Buch nicht in der Hand. Wir werden Ihnen das Konzept und die wichtigsten Elemente der Gewaltfreien Kommunikation auf den nächsten Seiten vorstellen. Zunächst nur in aller Kürze – denn dieses Buch ist kein Lehrbuch. Es ist ein Praxisbuch, in dessen Verlauf Sie detaillierte Informationen über die Anwendung erhalten werden: eine Einladung an Sie, uns und unsere Protagonisten auf der abenteuerlichen Reise durch die Höhen und Tiefen menschlicher Kommunikation zu begleiten. Denn ein Abenteuer ist es allemal – allerdings keines, in dem böse Drachen besiegt werden, sondern eines, in dem verwunschene Prinzen und Prinzessinnen immer wieder wachgeküßt werden können.

Und es ist auch ein Buch über die Liebe. Eigentlich handelt es von nichts anderem. Denn das, was wir mit Gewaltfreier Kommunikation bewirken, ist nichts anderes, als unsere Liebe füreinander zu bewahren, sie zu stärken und sogar auszudehnen. Genau das passiert, wenn wir lernen, unsere Gefühle und unsere Bedürfnisse zu erkennen und auszudrücken und die des anderen wahrzunehmen und seine Bitten zu erfüllen – aus vollem Herzen. Es ist geradezu unvermeidlich. Und es ist leichter, als Sie vielleicht denken.

Gewaltfreie Kommunikation ist wie eine ergänzende Fremdsprache, die Sie dazulernen können. Es mag sein, daß Sie sich zunächst für den Aufbau und die Struktur dieses Modells interessieren und auch an seine positiven Auswirkungen glauben, es aber dennoch nicht bewußt in Ihrer Alltagssprache einsetzen wollen. Wir meinen, daß auch dieses passive Verständnis eine große Veränderung in Ihrer Kommunikation und Ihrem Leben bewirken kann, weil sich Ihre Haltung zu den Dingen ändert. Allein durch empathisches Zuhören wird unser Denken, unser Handeln und unsere Sprache beeinflußt und bereichert. Lassen Sie sich inspirieren!

Die Frage, ob es denn überhaupt sinnvoll ist, diese Sprache zu lernen und anzuwenden, wenn sich zunächst nur ein Partner für Gewaltfreie Kommunikation interessiert, kann eindeutig mit „Ja" beantwortet werden. Mit Gewaltfreier Kommunikation lernen Sie all das auszudrücken, was in Ihnen lebendig ist – eigentlich das schönste Geschenk, das Sie sich selbst machen können. Und was glauben Sie, was mit Ihrem Partner geschieht, wenn er im Gespräch mit Ihnen gewürdigt und verstanden wird mit all seinen Gefühlen und Bedürfnissen? Gewaltfreie Kommunikation braucht keine Missionare oder Überzeugungsarbeit. Sie ist ansteckend.

... zum Lebendigsein

Wer lernen möchte, Gewaltfreie Kommunikation in seine Alltagssprache zu integrieren, den erwartet ein lebendiger Prozeß mit unerschöpflichen Übungsmöglichkeiten. Manche Worte gewinnen eine völlig neue Bedeutung, einige Begriffe haben Sie womöglich nie zuvor benutzt, und andere werden Sie vielleicht ganz aus Ihrem Wortschatz streichen wollen. Und wie bei jeder neuen Sprache werden Sie anfangs noch ab und zu in Ihrem „Vokabelheft" nachschauen (siehe auch Seiten 88-92). Gewaltfreie Kommunikation besteht nicht aus vorgefertigten Sätzen, die Sie nachsprechen müssen. Sie ist so vielfältig und lebendig wie die Menschen, die sie anwenden, ob Anfänger oder Experten. Wir werden versuchen, Ihnen ein Bild davon zu vermitteln, wie diese Sprache benutzt werden kann. Dazu haben wir mit Hilfe unser beiden Protagonisten klassische Szenarien entstehen lassen, die Ihnen möglicherweise bekannt vorkommen. Ehrlich gesagt: Das sollen sie auch. Anhand von typischen Konfliktszenen aus dem Beziehungsalltag wollen wir Sprachmuster identifizieren, Strategien und Hintergründe beleuchten und gewaltfreie Alternativen vorstellen – Alternativen, die beiden Beteiligten ermöglichen, ihre Gefühle und ihre Bedürfnisse beim Namen zu nennen. Was wiederum die Wahrscheinlichkeit signifikant erhöht, daß sie bekommen, was sie wirklich brauchen.

Unser Grundverständnis von Kommunikation ist die Vorannahme, daß alles, was wir einander sagen, Ausdruck unserer Bedürfnisse ist. Von daher verstehen wir unsere Aufgabe als Autoren als eine Art Übersetzungshilfe, um anhand der Beispieldialoge deutlich zu machen, wie sehr sich das, was gesagt wird, oft von dem unterscheidet, was eigentlich gemeint war.

Ein paar Worte noch zum Thema „typisch männlich – typisch weiblich": Auch wenn es zunächst nicht eindeutig aus den Dialogen hervorgeht, wird Ihnen meistens nach wenigen Sätzen klar sein, welche Stimme der Frau und welche dem Mann gehört. Das soll weder ein Geheimnis sein noch eine sonderliche Rolle spielen. Ja, es gibt „klassische" geschlechtsspezifische Vorgehensweisen bei der Kommunikation in Beziehungen, und wir verwenden sie in unseren Dialogen als dramaturgisches Hilfsmittel. Darüber hinaus sind wir jedoch der Auffassung, daß sich das verbale Gewaltpotential von Sprache sowohl in „typisch männlichen" als auch „typisch weiblichen" Kommentaren verbirgt – mal offensiv, mal subtil, aber zweifellos gleichmäßig verteilt.

An dieser Stelle auch unsere Bitte um Ihr Verständnis, daß wir vorwiegend bei der männlichen Schreibweise geblieben sind und uns meistens auf „Ihren Partner" oder „den anderen" beziehen: Wir gehen trotzdem davon aus, daß sich Männer und Frauen gleichermaßen angesprochen fühlen werden. Gefühle und Bedürfnisse sind unser Hauptanliegen – und die sind weder männlich noch weiblich, sondern einfach menschlich.

Es herrscht viel Gewalt in unserer Welt, und von allein wird sie nicht wieder verschwinden. Angesichts der Globalisierung, des Terrors und der sehr realen Bedrohung durch Kriege und Waffengewalt mag es unbedeutend erscheinen, sich mit verbaler Gewalt in Beziehungen zu beschäftigen. Andererseits – wo, wenn nicht hier anfangen? Es geht um nichts Geringeres, als die Liebe am Leben zu erhalten, die Sie und Ihren Partner zusammengebracht hat. Die Möglichkeit, daß aus einer Tanzstunde am Ende ein Pas de Deux werden kann, ist allein schon ein guter Grund, etwas Neues auszuprobieren, finden Sie nicht?

2. Was ist Gewaltfreie Kommunikation?

Das Konzept

Gewaltfreie Kommunikation ist zweierlei: ein Sprachkonzept, das zur erfolgreichen Konfliktbewältigung eingesetzt wird, und ein Lebensmodell, in dessen Mittelpunkt die einfühlsame Verbindung zu sich selbst und anderen steht. Auch wenn ihrer Anwendung einige wenige, klar strukturierte Vorgaben zugrunde liegen: *Gewaltfreie Kommunikation ist keine Technik, sondern eine Haltung!*

Die beiden zentralen Fragen in der Gewaltfreien Kommunikation lauten: Was ist lebendig in dir? Und was würde dein Leben bereichern – hier und jetzt? Ausdruck unserer Lebendigkeit sind unsere Gefühle, die wiederum auf unsere Bedürfnisse hinweisen. Und die, so eine der Grundannahmen der Gewaltfreien Kommunikation und ihres Begründers Marshall B. Rosenberg (siehe auch Seite 93), sind der wesentliche Inhalt unserer menschlichen Kommunikation. Deswegen bezeichnet Marshall Rosenberg auch Gewalt als einen „tragischen Ausdruck unerfüllter Bedürfnisse“.

Eine Sprache des Lebens ...

... ist eine Sprache, in der die Gefühle einen Namen bekommen und ausgesprochen werden. Genau wie das Leben selbst unterliegen sie einem ständigen Veränderungsprozeß: Jedes Gefühl, jeder Gedanke ist eine Momentaufnahme des gegenwärtigen Augenblicks. Gewaltfreie Kommunikation ist eine prozessorientierte Sprache, die das Bewußtsein darauf lenkt, was jetzt – oder zu einem bestimmten Zeitpunkt – in uns lebendig ist oder war.

Von Wölfen und Giraffen

In seinen Workshops benutzt Marshall Rosenberg den Wolf als Symbol für lebensentfremdete Kommunikation. „Wolfssprache“ ist die Sprache, mit der wir aufgewachsen sind: Die Sprache der Urteile und Schuldzuweisungen, des Machtmißbrauchs und des Leugnens von Verantwortung für die eigenen Gefühle und Handlungen. Im Gegensatz zur dynamischen „Giraffensprache“ (Giraffen sind die „Wappentiere“ der Gewaltfreien Kommunikation, weil sie die Landtiere mit dem größten Herzen sind) ist Wolfssprache statisch, weil sie Worte verwendet, die festschreiben und beurteilen.

Werturteile und moralische Urteile

Natürlich brauchen wir unsere Urteilsfähigkeit, um bestimmte Situationen und Ereignisse einzuordnen und Entscheidungen treffen zu können. Diese Werturteile fällen wir im Einklang mit unseren individuellen Überzeugungen darüber, was uns im Leben wichtig ist – etwa Ehrlichkeit, Zuverlässigkeit oder Rücksichtnahme. In der Gewaltfreien Kommunikation sind Werturteile insofern wichtig, als daß sie uns Informationen über unsere eigenen Bedürfnisse vermitteln.

Was aber, wenn andere Menschen ganz andere Werturteile haben als wir? Obwohl die Realität immer wieder zeigt, wie vielfältig und situationsabhängig menschliche Wertvorstellungen sind, fällt es den meisten schwer, diese Unterschiedlichkeiten auszuhalten – sie suchen stattdessen danach, was am anderen falsch ist.

Begriffe wie richtig und falsch, gut und böse, normal und unnormal sind Beispiele einer statischen Sprache, die auf Zuordnungen und moralische Urteile verweist. Sie spiegelt ein Dominanzsystem wider, in dem eine Autorität die Definitionsmacht beansprucht – nach Marshall Rosenberg die Quelle menschlicher Gewalt. Auch Konzepte wie Schuld oder Scham, Strafe und Belohnung sind eine Form des Machtmißbrauchs. Konsequent weitergedacht, ist also die Aussage „Gewalt ist schlecht" ein moralisches Urteil, während der Satz „Ich setzte keine Gewalt ein, weil ich Konflikte mit anderen Mitteln lösen möchte" ein Werturteil ist.

Empathie

Unter Empathie – oder Einfühlung – verstehen wir das respektvolle Aufnehmen der Erfahrungen anderer Menschen. Das ist nur dann möglich, wenn wir ihnen ohne vorgefaßte Meinungen und Urteile begegnen. Empathie ist eine der wichtigsten Voraussetzungen für Gewaltfreie Kommunikation und ermöglicht uns, den anderen immer wieder in einem neuen Licht zu sehen und neu zu entdecken. Untrennbar verbunden mit Empathie ist Präsenz. Sie bedeutet: „Ich bin hier mit dir, was immer du auch sagst oder tust." Das unterscheidet Empathie von intellektuellem Verstehen oder von Mitleid. Weder Ratschläge noch Trost oder Beschwichtigungen haben etwas mit Empathie zu tun. Mit unserer Fähigkeit zur Empathie ermöglichen wir uns selbst, verletzlich und menschlich zu bleiben und auch ein „Nein" vom anderen zu akzeptieren, ohne es als Zurückweisung zu empfinden.

Verantwortung übernehmen

Weder gesellschaftliche Normen und Wertvorstellungen noch das Verhalten anderer sind verantwortlich für unsere Gefühle und Handlungen. Wir selbst sind es, deren innere Haltung darüber entscheidet, wie oder was wir fühlen. Das Übernehmen der Verantwortung für die eigenen Gefühle ist ebenfalls ein wichtiges Element der Gewaltfreien Kommunikation.

Die vier Schritte der Gewaltfreien Kommunikation

Das Grundmodell der Gewaltfreien Kommunikation besteht aus vier Komponenten bzw. Schritten, die nacheinander ausgeführt werden:

1. Beobachtungen

Als erstes beobachten wir, was in einer bestimmten Situation tatsachlich geschieht: Was hören wir den anderen sagen, was sehen wir, das er tut? Das Entscheidende hierbei ist, diese Beobachtung von jedweder Form der Bewertung zu trennen. Der Satz „In der Küche steht das benutzte Geschirr von gestern Abend“ ist eine Beobachtung, während bei „Die Küche ist das reinste Chaos“ schon eine Bewertung enthalten ist.

2. Gefühle

Im zweiten Schritt drücken wir unsere Gefühle aus, die durch das, was wir beobachtet haben, in uns ausgelöst wurden. Wir können uns fröhlich, begeistert, hingerissen und überglücklich fühlen – aber auch frustriert, besorgt, traurig oder ängstlich.

3. Bedürfnisse

Hinter jedem Gefühl steht ein Bedürfnis – eines, das erfüllt oder eines, das nicht erfüllt wurde. Sind wir uns unserer Gefühle bewußt, führen sie uns auf direktem Wege zu unseren Bedürfnissen. Sie dienen dem körperlichen, sozialen und emotionalen Überleben und gelten von daher für alle Menschen. Sind sie jedoch an bestimmte Vorgehensweisen oder Personen gebunden, handelt es sich nicht um Bedürfnisse, sondern um Wünsche. Das Ausdrücken des jeweiligen Bedürfnisses ist der dritte Schritt der Gewaltfreien Kommunikation.

4. Bitten

Der vierte Schritt ist das Formulieren einer Bitte: Was kann der andere tun, um unser Bedürfnis zu erfüllen und unsere gemeinsame Lebensqualität zu verbessern? Wichtig ist, um eine konkrete Handlung zu bitten und sie mit den eigenen Gefühlen und Bedürfnissen in Verbindung zu bringen.

Die vier Schritte der Gewaltfreien Kommunikation anzuwenden heißt, in der eigenen Kommunikation alle vier Elemente klar auszudrücken – mit Worten oder manchmal auch ohne Worte. Gleichzeitig gehört dazu, diese vier Aspekte beim Gegenüber aufzunehmen, indem man sich durch empathisches Zuhören darauf einstimmt, was der andere beobachtet, fühlt und braucht – und was seine Lebensqualität verbessern würde. So kann ein wechselseitiger, lebendiger und beweglicher Kommunikationsfluß entstehen.

Das Ziel

Durch die Anwendung von Gewaltfreier Kommunikation ist es möglich, auch in schwierigen oder herausfordernden Situationen die eigene Menschlichkeit zu bewahren – und die des anderen zu würdigen. Dahinter steht die Annahme, daß es sich bei Gewalt keinesfalls um ein unvermeidliches evolutionäres Übel handelt, das man bestenfalls reduzieren oder unter Kontrolle bekommen kann, sondern daß ein friedliches Zusammenleben ein Bedürfnis ist, das der Natur eines jeden Menschen entspricht.

Gewaltfreie Kommunikation dient der Veränderung und Erweiterung unseres sprachlichen Ausdrucks und unserer Art, anderen zuzuhören. Aus gewohnheitsmäßigen, mechanischen Reaktionen auf vermeintliche Angriffe werden so nach und nach bewußte Antworten, die unserer inneren Wahrnehmung dessen entsprechen, was wir selbst fühlen und brauchen – und was der andere fühlt und braucht. So entsteht ein neues Verständnis der Dynamik unserer Beziehungen – und eine neue, kreative Art, mit ihr umzugehen.

Ein Leben, in dem wir dafür sorgen, daß unsere eigenen Bedürfnisse erfüllt werden können, ist ein Leben, das uns mit Freude die Bedürfnisse anderer erfüllen läßt. Beides ist gleichzeitig möglich. So utopisch es auch klingen mag – genau dies ist das Ziel und die Vision der Gewaltfreien Kommunikation.

Über die Anwendung Gewaltfreier Kommunikation im Alltag

So weit, so gut. Bis hierher hat sich alles vermutlich recht überzeugend, aber dennoch sehr theoretisch angehört. Die Umsetzung eines Kommunikationsmodells in eine lebendige, ungekünstelte Sprache ist eine ganz andere Sache. Unsere Alltagsdialoge – also das, worüber wir normalerweise miteinander reden – handeln in der Regel nicht von universellen Wahrheiten oder enthalten essenzielle Offenbarungen. Sie sind oft alles andere als eindeutig oder tiefsinnig – und ihre Themen wie ihr Anlaß sind meistens sogar sehr banal. Vor allem tun wir eines selten: Gespräche führen, die so verlaufen, daß wir sie komplett in das Viererschema „Beobachten – fühlen – brauchen – bitten" übertragen können. Jeder einzelne Schritt will zunächst erfahren und ausprobiert werden. Und die Welt der eigenen Gefühle und Bedürfnisse ist für viele ohnehin erst einmal Neuland, das es zu entdecken und zu erforschen gilt. Aus diesem Grund haben wir Ihnen auf den Seiten 88-92 eine Reihe „beziehungstypischer" Gefühle und die wesentlichen menschlichen Bedürfnisse aufgelistet. Wie Sie im weiteren Verlauf noch sehen werden, ist es manchmal gar nicht so einfach, ein Gefühl von einer Diagnose oder ein Bedürfnis von einer Forderung oder einem Wunsch zu unterscheiden. Das liegt vor allem an unserer oft saloppen Art, mit Sprache umzugehen, ohne nach ihrer tieferen Bedeutung zu fragen. Die Listen sollen Ihnen eine kleine Orientierungshilfe bieten – und natürlich Quelle Ihrer Inspiration sein!

Sie werden sehen, daß gewaltfrei zu kommunizieren *nicht* bedeutet, das Vier-Schritte-Modell in jeden Dialog einzubauen. Entscheidend ist, daß Sie die vier Schritte kennen, verstehen und einzusetzen wissen, wenn es notwendig ist – ohne lange überlegen zu müssen. Ansonsten wollen wir Sie dazu anregen, sich selbst und Ihrer einzigartigen Ausdrucksweise treu zu bleiben – und zusätzlich ein paar neue Elemente in Ihre Sprachwelt zu integrieren. Und lassen Sie sich von der Rückmeldung „Wieso redest du denn auf einmal so anders?" keinesfalls entmutigen. Sie ist ein sicherer Hinweis darauf, daß Sie bereits unterwegs sind.

Wir wünschen Ihnen eine gute Reise!

3. »Ich hab's genau gesehen!«
Von der Unterstellung zur Beobachtung

Elternabend

„Meine Güte, das war ja ein anstrengender Abend ..."

„Wieso anstrengend? Du hast doch nichts anderes zu tun gehabt, als dich ein bißchen mit meinen Eltern zu unterhalten, während ich wieder mal ständig zwischen Küche und Wohnzimmer hin- und herlaufen mußte!"

„Und ich mußte mir die ganze Zeit irgendwelches Zeug anhören! Außerdem habe ich dir doch geholfen!"

„Du bist einfach abgehauen, um eine Flasche Wein aus dem Keller zu holen, weil es dich sowieso nie interessiert, was meine Mutter sagt! Das nennst du helfen? Du warst für eine halbe Ewigkeit verschwunden!"

„Was hätte ich auch zu ihr sagen sollen? Kannst du dir etwa ein langweiligeres Thema vorstellen als das Zusammenflicken von Stoffetzen, die eigentlich in die Altkleidersammlung gehören?"

„Quilts zu nähen ist eine alte amerikanische Tradition. Und es macht ihr eben Spaß, von ihrem Hobby zu erzählen!"

„Wenn ich ihr noch eine einzige Sekunde länger zugehört hätte, dann hätte sie mir zu meinem nächsten Geburtstag wieder so eine scheußliche Flickendecke aus ihrer Produktion geschenkt. Wir können mittlerweile die halbe Nachbarschaft mit unserer Sammlung zudecken."

„Du übertreibst wieder mal maßlos! Und was hat dich diesmal an meinem Vater so genervt?"

„Nichts – außer daß er mir den ganzen Abend das Gefühl vermittelt hat, ein völliger Versager zu sein."

„Wie denn das?"

„Diese vielsagenden Blicke, die er immer mit deiner Mutter ausgetauscht hat, als ich ihm erzählte, wie schwer es im Augenblick für mich ist, in dieser angespannten Wirtschaftslage mein neues Unternehmen auf die Beine zu stellen ... Als wäre ich zu blöd, neue Aufträge zu akquirieren!"

„Aber das hast du wieder mal total mißverstanden!"

„Ich hab ja wohl Augen im Kopf, oder? Dieses ewige Lächeln ... Und als dann deine Mutter wieder stundenlang über ihre Patchworkdecken redete, blieb mir nichts anderes übrig, als die Flucht zu ergreifen!"

„Aber während du dich im Keller versteckt hast ... "

„Ich habe mich nicht im Keller versteckt. Ich habe eine bestimmte Flasche Wein gesucht. War ganz schön schwer, die zu finden."

„Hast du eigentlich eine Ahnung, worüber wir gesprochen haben, während du im Keller nach Wein gesucht hast?"

„Ich fürchte, ja. Neue Farbkompositionen für einen Bettüberwurf, richtig?"

„Gar nichts weißt du! Mein Vater hat erzählt, daß er gerade einen alten Bausparvertrag aufgelöst hat ... "

„... und jetzt eine Galerie kauft, in der deine Mutter ihre Frühjahrskollektion präsentieren kann."

„... und dir dieses Geld als zinsloses Darlehen anbieten möchte für dein neues Unternehmen. Anstelle eines Geburtstagsgeschenks. Hallo! Alles in Ordnung mit dir???"

Immer, ständig, nie: Zeit ist eine Illusion

So oder so ähnlich sehen sie aus, die kleinen Inszenierungen, die einen Großteil dessen ausmachen, was viele Menschen unter „Beziehungsalltag" verstehen. Dieser Dialog soll unser erstes Beispiel sein, mit dessen Hilfe wir ein paar typische Satzelemente vorstellen wollen, die – bewußt oder unbewußt – sehr häufig in der Umgangssprache verwendet werden. Sie gehören in das klassische Repertoire für Auseinandersetzungen, und werden sie darüber hinaus mit der entsprechenden Betonung ausgesprochen, können sie eine ungeheure Sprengkraft entfalten ...

Spätestens jetzt ist auch der Moment gekommen, in dem wir unseren beiden Protagonisten einen Namen geben sollten. Wir wollen sie Romeo und Julia nennen, um uns daran zu erinnern, daß sie in der Tat ein Liebespaar sind, auch wenn es nach außen nicht immer den Anschein hat. Ihre Bemühungen, die eigenen Bedürfnisse so auszudrücken, daß sie vom anderen gehört werden können, waren bisher noch nicht allzu erfolgreich. Gut für uns – wir werden sie auf ihrer Reise ein Stück begleiten und mit und von ihnen lernen. Bevor wir jedoch mit Romeo und Julia gemeinsam die vier Schritte durchgehen und sie zu ihren Gefühlen und Bedürfnissen befragen, möchten wir ihre Sprache etwas genauer unter die Lupe nehmen. Was hat die Kommunikation erschwert?

Als allererstes wäre da der Begriff „wieder einmal" zu nennen. Die Häufigkeit, mit der Julia ihn in Bezug auf ihren Romeo anwendet, könnte bedeuten, daß sie ihn für einen notorischen Wiederholungstäter hält. „Wieder einmal" ist ein Satzelement, das, kombiniert mit einer Beobachtung, dem anderen mitteilt, daß sein Straftatenregister soeben noch länger geworden ist. Und daß er darüber hinaus nicht lernfähig zu sein scheint. Der Gebrauch von „wieder einmal“ verwandelt jede Aussage in einen Vorwurf und sorgt bei dauerhaftem Einsatz dafür, daß der andere es gar nicht mehr hört – genauso wenig wie das, was man ihm eigentlich mitteilen wollte. Mal wieder „wieder mal“? Was soll's ...

Auch „immer“, „ständig“ oder „nie“ (fallen Ihnen noch mehr davon ein?) sind solche Zauberwörter, mit deren Hilfe Beobachtungen zu Falschmeldungen werden, es sei denn, Sie legen tatsächlich lückenlose Beweise vor oder sprechen gerade über Sonnenuntergänge. Diese Begriffe haben einen gewissen Doppeleffekt: Wenn Sie sie aussprechen, haben sie beim anderen die gleiche Wirkung wie das bereits erwähnte „wieder einmal“ – und man selbst landet dank solcher Hochrechnungen in der Opferrolle. „Nie hörst du mir zu!“ Das hat etwas von einer echten Tragödie, nicht wahr?

Wer universelle Verallgemeinerungen einsetzt, möchte damit seiner Empörung Aus- und Nachdruck verleihen. Das ist verständlich, führt jedoch weit weg von dem, was es eigentlich zu beobachten und mitzuteilen gäbe.

Die Kunst des Beobachtens

Die Vielfalt unserer Wahrnehmungsfilter ist schier unerschöpflich. Sie werden uns in diesem Buch anhand der zahlreichen Beispiele noch häufig beschäftigen. Ihnen allen gemeinsam ist, daß wir uns mit ihrer Hilfe vorgaukeln, dieses oder jenes sei passiert – und uns gleich dazu eine Bewertung, eine Interpretation, eine Deutung und manchmal sogar gleich noch einen Blick in die Zukunft mit dazuliefern. Woher „wußte“ Romeo, daß eine Sekunde später ein Bettüberwurf den Besitzer gewechselt hätte (übrigens eine fatale Prognose, wie sich später herausstellt)? Wie kann er wissen, was der vielsagende Blick zwischen den Schwiegereltern bedeutet? Und woher weiß Julia von vornherein, warum Romeo in den Keller geflüchtet ist?

Dieses Gespräch hätte einen ganz anderen Verlauf nehmen können, wenn die beiden ihre Argumentation nicht auf Interpretationen und Mutmaßungen aufgebaut hätten. Selbst wenn sich Vermutungen manchmal später bewahrheiten: Zur Gewaltfreien Kommunikation gehört, daß wir sie über Bord werfen, allesamt. Denn der erste, wichtige Schritt ist, die Kunst des Beobachtens zu erlernen. Dazu gehört nicht nur, die Dinge zu kennen, die uns daran hindern, sie auszuüben, sondern vor allem die, die uns dabei helfen. Und das sind unsere Sinne.

Was sehen wir, was hören wir? Welche Handlung, welche Worte? Und in selteneren Fällen: Was können wir riechen, schmecken, fühlen? (Achtung, hier ist das sensorische Fühlen gemeint!) Unsere Sinne können uns recht verläßlich darüber Auskunft geben, was gerade passiert ist in einer Konfliktsituation. Sie können sich aber auch ebenso gut eine Kamera vorstellen, die das Geschehen aufzeichnet. Was wäre hinterher zu sehen und zu hören? Genau das – und nur das – gilt es im ersten der vier Schritte auszusprechen. Damit schaffen Sie eine Ausgangsbasis für sich und Ihr Gegenüber, der – hoffentlich – beide zustimmen können. Noch besser für die Nachvollziehbarkeit

Ihres Problems ist, wenn die beobachtete Handlung einen konkreten Bezug zum Zeitpunkt des Geschehens und dem Gesamtzusammenhang bekommt. Wie Sie an unserem Beispiel sehen werden, gibt es bereits in einer fünfminütigen Diskussion sehr viele Gelegenheiten, etwas zu beobachten. Umso besser, wenn dann in der Rückschau ein bestimmter Satz, eine bestimmte Situation als Anhaltspunkt dienen kann.

Noch ein Wort zu unserer Vorgehensweise ...

Wenn wir Romeo und Julia zu ihren Beobachtungen, Gefühlen und Bedürfnissen befragen, wird es – vor allem in den ersten Kapiteln – immer wieder vorkommen, daß sie mit ihren Aussagen genau in die verbalen Fallen hineingeraten, die wir mit Hilfe der Gewaltfreien Kommunikation aufzeigen wollen. Wie im wirklichen Leben sind es vor allem sprachliche Ungenauigkeiten, die wir bei ihnen beobachten können. Solche „problematischen“ Ausdrücke haben wir durch kursive Schreibweise gekennzeichnet. Sie sollen Ihnen signalisieren, daß hier Begriffe oder Formulierungen verwendet werden, die einer genaueren Überprüfung bedürfen.

Was ist passiert?

Ein eskalierender Konflikt ist wie eine Autobahn, auf der wir mit zunehmendem Tempo geradeaus weiterfahren – obwohl wir genau wissen, daß sie uns nicht zu unserem Ziel führt –, ohne auf die vielen Ausfahrten zu achten. Dabei wäre ein Abbiegen jederzeit möglich. Wer die erste oder zweite Ausfahrt verpaßt hat, kann immer noch die dritte oder vierte nehmen. Oder die fünfte oder sechste: Das Wichtigste ist, daß Sie überhaupt die Kurve kriegen.

Wir werden uns jetzt ein paar dieser „Ausfahrten“ etwas genauer ansehen. Für den Anfang reichen uns die ersten beiden Aussagen:

> „Meine Güte, das war ja ein anstrengender Abend ...“
>
> „Wieso anstrengend? Du hast doch nichts anderes zu tun gehabt, als dich ein bißchen mit meinen Eltern zu unterhalten, während ich wieder mal ständig zwischen Küche und Wohnzimmer hin- und herlaufen mußte!“

Fragen wir also jetzt bei Romeo und Julia nach. Was haben sie beobachtet? Und wie beschreiben sie ihre Beobachtungen?

ROMEO: „Als ich mit Julia über diesen *schrecklichen* Abend reden wollte, ist sie mir sofort dazwischengefahren mit ihren *Vorwürfen.*“

Ob dieser Abend später als schrecklich oder nicht in Erinnerung bleiben wird, sei einmal dahingestellt – und Julias Kommentar als Vorwürfe zu bezeichnen, ist eine Diagnose. Klarer wäre die Formulierung: „Als ich mit Julia über den heutigen Abend reden wollte, hat sie mich nicht aussprechen lassen.“

JULIA: „Romeo hat angefangen, *rumzujammern, obwohl überhaupt kein Anlaß dazu bestand.*"

Auch hier bewertet Julia Romeos Verhalten. Das ist insofern nachvollziehbar, als daß sie schon zu Beginn der Auseinandersetzung über Informationen verfügte, die Romeo noch nicht hatte. (Ob ihre Strategie, Romeo erst am Ende des Streitgesprächs vom Angebot der Schwiegereltern zu erzählen und ihn so lange im Dunkeln tappen zu lassen, besonders nützlich war, lassen wir einmal offen.) Zu hinterfragen ist allerdings, inwieweit „jammern" nicht auch schon eine Interpretation ist: Was genau tut einer, der jammert? Schluchzen, Heulen, Zähneklappern? Sofern es sich um einen Erwachsenen handelt, schwingt hier immer schon eine Bewertung, wenn nicht gar Abwertung mit. Und ob es dafür einen Anlaß gab oder nicht, hat nichts mit einer Beobachtung zu tun. Also ganz einfach: „Romeo sagte, es sei für ihn ein anstrengender Abend gewesen."

Gefühle

Und die Gefühle? Um das Bild mit den vielen Ausfahrten noch einmal deutlicher zu machen, werden wir Romeo und Julia in unterschiedlichen Gesprächsmomenten zu ihren Gefühlen befragen.

> „Wenn ich ihr noch eine einzige Sekunde länger zugehört hätte, dann hätte sie mir zu meinem nächsten Geburtstag wieder so eine scheußliche Flickendecke aus ihrer Produktion geschenkt. Wir können mittlerweile die halbe Nachbarschaft mit unserer Sammlung zudecken."

Was hat Julia gefühlt, als Romeo ihr das sagte?

JULIA: „Empörung. Nein, *ich war verletzt!* Erstens, *weil es mich kränkt*, wenn er so über meine Mutter spricht, und zweitens ist es *maßlos übertrieben* – wir haben gerade mal zwei Decken von ihr bekommen."

Bei Ausdrücken wie „ich bin verletzt" und „es kränkt mich, wenn ... " schwingt oft ein Vorwurf mit – und die Verantwortung für die eigenen Gefühle wird damit zurückgewiesen. Hier lohnt sich noch ein zweiter Blick: Was steckt hinter der Verletztheit? Und „maßlos übertrieben" ist eine Bewertung, die es in sich hat: Wer sie anwendet, tut genau das, was er dem anderen vorwirft – er übertreibt. Außerdem weckt die vermeintliche Übertreibung eines anderen eher den eigenen „inneren Richter", der hier ein paar Dinge klarstellen möchte – und natürlich Recht behalten will. Das ist ein Thema für sich, mit dem wir uns im nächsten Dialog ausführlicher befassen werden.

JULIA: „Ich fühlte mich betroffen. Traurig, ja, das trifft's noch besser."

Und was hat Romeo bei Julias folgendem Satz gefühlt?

> „Aber das hast du wieder mal total mißverstanden!"

ROMEO: „Ich habe mich *gemaßregelt gefühlt* wie ein kleiner Junge. Und kein bißchen *gehört!*"

Romeo spricht nicht ein Gefühl, sondern einen Gedanken aus, wenn er solch eine Formulierung benutzt. Denn wer sich gemaßregelt oder nicht gehört „fühlt", drückt statt seiner eigenen Gefühle etwas aus, von dem er glaubt, daß andere es ihm antun würden: eine Interpretation, und mitunter eine sehr gewagte. Aber was sind sie dann, die wahren Gefühle? Worte, die emotionale Befindlichkeiten so eindeutig benennen, daß ein anderer sie verstehen kann. Die Listen auf den Seiten 88 und 89 liefern Ihnen genügend Beispiele. Und in Kapitel 6 werden wir das Gefühlsleben unserer Hauptpersonen ohnehin noch einmal genauer unter die Lupe nehmen.

ROMEO: „Okay, ich war wütend."

Wütend zu sein ist ein Gefühl. Aber genau wie beim Verletztsein steckt meistens noch mehr dahinter. Romeos Wut bezieht sich vermutlich eher auf seine Annahme, gemaßregelt worden zu sein. Zu seinen Bedürfnissen wird er jedoch einen leichteren Zugang finden, wenn er noch einmal genau hinschaut.

ROMEO: „Ich habe mich einsam gefühlt in diesem Moment."

Bedürfnisse

Hinter jedem negativen Gefühl steht ein Bedürfnis, das unerfüllt blieb. Manchmal sind es auch mehrere. Und genau diese Bedürfnisse sind es, nach deren Erfüllung wir uns so sehnen, daß wir die unglaublichsten Dinge tun, um sie zu befriedigen. Wir alle haben sie, und zwar immer. (Wenn Sie wissen wollen, was wir unter menschlichen Bedürfnissen verstehen, können Sie auf Seite 92 nachschauen.) Wir ordnen ihnen je nach Situation eine unterschiedliche Priorität zu, aber sie sind unser ständiger Begleiter. Wünsche können individuell sein – unsere Bedürfnisse haben wir alle gemeinsam.

Damit wir unsere Bedürfnisse erfüllen können, ist es wichtig, sie zunächst einmal wahrzunehmen. Unsere Gefühle führen uns direkt dorthin. Welches unerfüllte Bedürfnis steht hinter Julias Traurigkeit?

JULIA: „Mein Bedürfnis nach Harmonie in unserer Familie! Außerdem finde ich die Decken von meiner Mutter wirklich schön ... "

ROMEO: „Welches Bedürfnis hinter meinem Gefühl von Einsamkeit steckte? Ich denke, vor allem das nach Verständnis. Und Mitgefühl, das hat mir in diesem Moment wirklich sehr gefehlt."

Bitten

Eine Bitte, die klar und eindeutig ausdrückt, was wir wollen, ist der vierte und abschließende Schritt. Oft jedoch enthalten Bitten den Wunsch, der andere möge dieses oder jenes *nicht* tun; sie bleiben vage und abstrakt oder verlangen vom anderen, er solle nicht „so" *sein.* Die Wahrscheinlichkeit, daß solche Bitten ankommen, ist nicht besonders groß. Eine Bitte so zu formulieren, daß sie wirklich das ausdrückt, was wir wollen, und vom anderen auch so verstanden wird, wie wir sie gemeint haben, erhöht die Chance, daß unser Bedürfnis erfüllt wird, ganz erheblich. Besonders wichtig dabei: Wir bitten den anderen, etwas für uns zu *tun.* Nur auf dieser Ebene können Bitten auch erfüllt werden. Eine Garantie auf ein „Ja" gibt es nicht. Aber dafür die Gewißheit, daß unsere Bitte im Falle einer positiven Antwort freiwillig erfüllt wurde – aus der Freude heraus, unser Leben zu bereichern.

Eine Bitte, die nicht auch die Gefühle und Bedürfnisse vermittelt, die dahinter stehen, kann leicht als Forderung mißverstanden werden. Werden dagegen nur die Gefühle und Bedürfnisse ausgesprochen, ist der andere womöglich etwas ratlos: Ja, was will sie denn jetzt? Deswegen formulieren wir in der Gewaltfreien Kommunikation unsere Bitten so, daß sie alle vier Komponenten enthalten. Das mag zuweilen etwas gewöhnungsbedürftig klingen, aber – es wirkt. Mit der Zeit werden Sie ohnehin kreativer und unbefangener im Formulieren.

Worum möchte Romeo seine Julia gern bitten?

ROMEO: „Als du sagtest, ich hätte wieder einmal alles mißverstanden, habe ich mich einsam gefühlt, weil ich dein Mitgefühl gebraucht hätte. Bitte sag mir, ob du mein Verhalten von heute Abend jetzt besser verstehen kannst."

Und JULIAs Bitte? „Als du das mit den scheußlichen Flickendecken meiner Mutter sagtest, war ich traurig, weil mein Bedürfnis nach Harmonie nicht erfüllt war. Ich bitte dich, meine Gefühle meiner Mutter gegenüber zu respektieren."

Die Gefühle des anderen zu respektieren kann so oder so aussehen und klingt noch ein bißchen nebulös. Was genau könnte Romeo tun, um Julias Bedürfnis entgegenzukommen?

JULIA: „Bitte achte in Zukunft auf die Wahl deiner Worte, wenn du über meine Mutter sprichst. Mir zuliebe."

Ein ganz wichtiger Punkt bei der Formulierung einer Bitte ist, daß die gewünschte Handlung zum gegenwärtigen Zeitpunkt ausgeführt werden kann. Also noch ein Versuch:

JULIA: „Bitte laß uns noch einmal in Ruhe darüber sprechen, wie ein harmonischer Abend mit meinen Eltern aussehen könnte."

Vielen Dank! An dieser Stelle wurde die Autobahn mit einem eleganten Schwung verlassen, und Romeo und Julia kriegen endlich wieder etwas von der wunderschönen Landschaft mit, die sie umgibt. Aber wie im wirklichen Leben wartet natürlich schon eine weitere Herausforderung auf die beiden. Gleich hinter der nächsten Kurve.

4. »Ich hab's doch gleich gesagt!«
Vom Rechthabenwollen zum Konsens

Irrfahrt

„Also, hier links geht's nach Niederosterbeck, und geradeaus ist ein Schild ‚Südermitteldorf, 3 km'. Kannst du mal gucken, ob wir noch richtig sind?"

„Aber wir müssen doch nach Obernordbach!"

„Das ist mir schon klar. Aber ich will jetzt wissen, ob eine dieser Straßen weiterführt in Richtung Obernordbach, oder ob wir uns womöglich verfahren haben dank deiner vorzüglichen Navigationshilfe."

„Warte mal. Also, wir sind jetzt auf der B 33, und von da aus müßten wir hinter Westernebenstedt links nach Obernordbach ..."

„Wir sind aber nicht auf der B 33, sondern auf der B 38, und durch Westernebenstedt sind wir schon vor etwa einer halben Stunde gekommen."

„Ach? Und nicht links abgebogen?"

„Nein. Soweit ich mich erinnern kann, hast du darauf bestanden, rechts in Richtung Südermitteldorf zu fahren. Hast du vielleicht die Karte verkehrt rum gehalten? Das hat meine Oma auch immer gemacht."

„Ich kann doch lesen, was auf der Karte steht! Und überhaupt, warum hast du dir nicht die Strecke vorher selbst auf der Karte angeguckt, wenn du sowieso der Meinung bist, daß ich zu blöd bin?"

„Weil ich nicht einsehe, warum ich dich wie eine Prinzessin durch die Gegend chauffieren soll, und du tust überhaupt nichts."

„Aber ich habe dir doch angeboten, selber zu fahren."

„Super Idee. Ich wage es nicht, mir vorzustellen, wo wir mit deinem Orientierungssinn gelandet wären."

„Wahrscheinlich in Obernordbach. Möchtest du anhalten und selber einen Blick auf die Karte werfen?"

„Ja, das möchte ich. Gib mal her ... Also ... Na bitte! Völlig verkehrt! Ich hab's doch gleich gewußt! Du hast mich nach Südermitteldorf gelotst, dabei hätten wir hinter Westernebenstedt links nach Obernordbach abbiegen müssen!"

„Sag ich doch."

„Vor einer halben Stunde hast du aber noch gesagt, wir müßten nach rechts in Richtung Südermitteldorf!"

„Kann sein. Weiß ich nicht mehr."

„Na wunderbar. Erst gibst du falsche Informationen weiter, und hinterher kannst du dich an nichts mehr erinnern. Wie unser Kanzler. Du solltest bei der nächsten Bundestagswahl kandidieren."

„Sag mal, was soll denn das? Gut, ich habe vielleicht einen kleinen Fehler gemacht, aber das ist doch kein Grund, mich wie eine Idiotin zu behandeln!"

„Dein kleiner Fehler hat uns *mindestens eine Stunde Fahrzeit gekostet, Schatz.* Das ist eine ganz wertfreie Beobachtung."

„Na und? Willst du jetzt noch den Benzinpreis ausrechnen?"

„Nein, aber das erinnert mich daran, daß wir demnächst dringend tanken müssen."

„Wir sind an einer Tankstelle vorbeigekommen. Vorhin, in Westernebenstedt."

„Es wäre besser gewesen, du hättest auf die Hinweisschilder geachtet statt auf lokale Sehenswürdigkeiten. Nein, jetzt reg dich nicht gleich wieder auf. Wieso können Frauen bloß so schlecht Kritik vertragen?"

Recht statt Glück?

Zum Thema Rechthaben hat Marshall Rosenberg lakonisch bemerkt: „Willst du Recht behalten oder glücklich sein? Beides geht nicht." Auch wenn wir vermuten, daß Juristen diesen Satz nicht widerspruchslos hinnehmen würden – in Hinblick auf unseren Beziehungsalltag enthält dieser Satz eine tiefe Wahrheit. Vielleicht winkt demjenigen ein Moment des Triumphs, der zuvor mit seiner Sicht der Dinge auf Widerstand und Ablehnung gestoßen ist – und dem es dann in akribischer Kleinarbeit gelingt, genügend Beweismaterial zusammenzutragen, das sein Recht belegen soll. Nur: Sind das wirklich Glücksgefühle, die angesichts der Niederlage des anderen erlebt werden? Sind Sieger auch Gewinner?

Es gibt durchaus Situationen, in denen das Rechthabenwollen einen gewissen sportlichen Reiz hat – wenn Sie und Ihr Liebster oder Ihre Liebste etwa miteinander wetten. Werden die Spielregeln von beiden akzeptiert, kann es Spaß machen, für kurze Zeit auf dem Siegertreppchen zu posieren. Ansonsten ist es ziemlich einsam dort – es kann nämlich nur einer von Ihnen beiden da oben stehen.

Wo jemand im Recht ist, gibt es immer jemanden, der im Unrecht sein muß, und das ist der entscheidende Punkt bei der Sache mit dem Glück. Ob nun schiere Überheblichkeit, Besserwisserei, wissenschaftliche Präzision oder historische Genauigkeit dahinter stecken: Recht haben und Recht behalten kann man nur auf Kosten eines anderen. Und da bleibt – nicht nur in Beziehungen – das Glück auf der Strecke. Von der Liebe ganz zu schweigen.

Wer den anderen eines Besseren belehren will – und das kann immer wieder mal vorkommen –, wird mit Hilfe des Leitsatzes „Erst (einfühlende) Verbindung, dann Korrektur“ viel leichter zu einem befriedigenden Ergebnis kommen, das auf der Sachebene bleibt und niemanden verletzt. Sie können auch damit beginnen, sich selbst zu fragen, warum es Ihnen überhaupt wichtig ist, den Fehler des anderen zu korrigieren. Geht es Ihnen vielleicht nur darum – und die Antwort auf solch eine Frage erfordert Mut und Ehrlichkeit –, Ihre Intelligenz unter Beweis zu stellen oder der Stärkere zu bleiben? Ist die Richtigstellung der Fakten wirklich unerläßlich für den Fortgang des Gesprächs? Oder ist Ihr Wunsch nach Gerechtigkeit durch eine – aus Ihrer Sicht nicht zutreffende – Darstellung des anderen soeben schwer erschüttert worden? Gerade wer sich moralisch im Recht wähnt und es einfordert, vergißt leicht, daß es neben den eigenen Werten und Wahrheiten immer noch die des anderen gibt. Ein idealer Augenblick übrigens, um zu üben, wie man Beobachtung von Bewertung trennt. Und ebenso dafür geeignet, sich zu fragen, was man in dieser aktuellen Situation eigentlich selber fühlt – und braucht.

Wenn Sie sich in Ihren Partner einfühlen, bevor Sie ihn kritisieren oder korrigieren, werden Sie vielleicht darauf verzichten wollen, „noch eins draufzusetzen“, weil Sie plötzlich sehen können, daß der andere seinen Irrtum bereits bemerkt hat oder selber nicht glücklich ist mit dem, was er gesagt oder getan hat. Durch einfühlendes Nachfragen können eventuelle Mißverständnisse geklärt werden, ohne daß Ihr Gegenüber sich gemaßregelt vorkommt. Und je besser Sie nachvollziehen können, aus welchem Bedürfnis heraus der andere so gehandelt hat, um so schneller verfliegt wahrscheinlich auch der Impuls nach jedweder Form von Rechthaberei.

Eine Meinungsverschiedenheit zu klären wird im Übrigen leichter, wenn Sie statt „Stimmt nicht“ oder „Das ist falsch“ eine Formulierung wie „Da stimmen wir nicht überein“ oder „Das sehe ich anders“ verwenden. So signalisieren Sie, daß Sie die Ansicht Ihres Partners respektieren und bleiben beide auf gleicher Augenhöhe – und haben gute Chancen, einen Konflikt gar nicht erst entstehen zu lassen.

Vergleiche und Ironie

Vergleiche können inspirieren und aussagekräftige Bilder auf unsere innere Leinwand zaubern. Sie können klärend und erhellend sein. Auf Personen angewandt, verblassen sie zu einem moralischen Urteil: Die sicherste Methode, sich unglücklich zu machen, ist, sich mit anderen Menschen zu vergleichen – kaum etwas blockiert so effizient unser Einfühlungsvermögen in Bezug auf uns selbst und auf andere. Und wer einem anderen sagt, er „sei wie dieser“ oder „... als jener“, spricht auf subtile Weise ein Urteil aus. Sicher, zu sagen „Du hast einen Po wie David Beckham“ klingt eigentlich erstmal ganz gut – aber meinen Sie nicht, daß Ihr Partner sich fragen könnte, bei welchen seiner anderen Körperteile Sie wohl an wen denken? Komplimente sind auch Urteile, selbst wenn sie nett verpackt daherkommen. Enthalten sie Vergleiche mit anderen Personen, sind sie ohnehin fragwürdiger Natur, und wenn sie nichts über Ihre eigenen Gefühle und Bedürfnisse aussagen, die das Schöne, Wahre oder Gute am anderen bei Ihnen weckt oder erfüllt hat, können Komplimente oft gar nicht angenommen werden.

In unserem Dialog würzt Romeo seine Kritik und seine Vergleiche mit einem stilistischen Mittel, das trotz seines Unterhaltungswerts gewisse Risiken und Nebenwirkungen in sich birgt: Ironie. Ironie ist ein Werkzeug, um Distanz zu schaffen – zu sich selbst, zu den eigenen Gefühlen und natürlich zum anderen. Und ein Genuß an ironischen Bemerkungen ist meistens nur unbeteiligten Zuhörern oder dem Sprecher selbst vorbehalten, der dann, wie es so schön heißt, die Lacher auf seiner Seite hat. Dabei ist Ironie nicht unbedingt gleichzusetzen mit einem guten Sinn für Humor. Der kommt uns in Auseinandersetzungen leider oft zuerst abhanden, und durch eine ironische Spitze wird er kaum bereit sein, zurückzukehren. Und die Botschaft dahinter? Im Falle eines ironischen Vergleichs, der im Grunde wie eine Doppelcodierung ist, dürfte es dem anderen schwer fallen, außer einer Verurteilung seiner Person noch etwas anderes in Ihrer Mitteilung zu entdecken.

Was hat gestört?

Um es gleich vorweg zu sagen: Eine Expedition ins Unbekannte kann viel „Zündstoff" bereithalten. Gemessen am Eskalationspotential einer solchen Situation (daß etwa einer der beiden Pfadfinder die Reise zu Fuß fortsetzt, soll auch schon vorgekommen sein), sind unsere beiden Protagonisten ein ganzes Stück weitergekommen – und zwar gemeinsam. Ob sie mit Gewaltfreier Kommunikation schneller bis nach Obernordbach gekommen wären, sei dahingestellt. Aber sie hätten weitaus mehr Spaß dabei gehabt. Und Zeit für andere Gespräche.

Was hat Julia beobachtet? „Na ja, was tatsächlich passiert ist, ist, daß wir eine Viertelstunde an der Abzweigung nach Niederosterbeck gestanden und diskutiert haben."

Das ist eine wertfreie Beobachtung und eine neutrale Zusammenfassung der Gesamtsituation. Sie kann als Basis dafür genutzt werden, wenn Julia etwas über ihre Gefühle und Bedürfnisse am Ende dieser Viertelstunde mitteilen möchte. Um jedoch die verschiedenen Ausstiegsmöglichkeiten aus einem Streitgespräch näher beleuchten zu können, eignen sich Beobachtungen zu Einzelheiten noch besser. Da uns die Dialoge wie ein Protokoll vorliegen, können wir Julia bitten, einen bestimmten Satz zu nennen, den sie als störend empfunden hat. Er wird uns dann bei den folgenden drei Schritten als Beobachtung dienen.

JULIA: „Das mit der ‚vorzüglichen Navigationshilfe' konnte ich noch so stehen lassen. Aber als dann die Bemerkung mit der Oma kam ... "

Und ROMEO? „Als Julia sich plötzlich an nichts mehr erinnern konnte, war für mich ein entscheidender Moment in dieser Auseinandersetzung."

Übrigens, ROMEO: *„Dein kleiner Fehler hat uns mindestens eine Stunde Fahrzeit gekostet, Schatz"* ist keine wertfreie Beobachtung, sondern ein Vorwurf, der sich hinter einer Beschreibung versteckt, die überdies mit Ironie gespickt ist. Trotzdem, ein erster Versuch!

Gefühle

„Hast du vielleicht die Karte verkehrt rum gehalten? Das hat meine Oma auch immer gemacht."

Was fühlte Julia, als sie diesen Satz hörte?

JULIA: „Es war wie *früher in der Schule!* Mir war zu diesem Zeitpunkt schon klar, daß ich wahrscheinlich einen Fehler gemacht hatte, aber dann noch dieses *Oberlehrer-Gehabe ...* Nein, halt, ich weiß schon: ‚Wie in der Schule' und ‚Oberlehrer-Gehabe' sind meine Gedanken! Also – zuerst fühlte ich mich unsicher, aber nach diesem Spruch war ich völlig frustriert."

Jetzt zu Romeo – für ihn war Julias Antwort auf seine Aussage von Bedeutung:

„Vor einer halben Stunde hast du aber noch gesagt, wir müßten nach rechts in Richtung Südermitteldorf!"

„Kann sein. Weiß ich nicht mehr."

ROMEO: „Ich fühlte mich in diesem Moment, ehrlich gesagt, verarscht. Das ist kein echtes Gefühl, ich weiß schon ... Aber komisch, daß einem so etwas immer als erstes kommt, oder? Ich war einfach völlig fertig, müde, ja, erschöpft."

Bedürfnisse

Bleiben wir gleich bei Romeo. Warum fühlte er sich erschöpft, welches Bedürfnis steckte dahinter?

ROMEO: „Ganz klar, das Bedürfnis nach Ruhe. Und auch nach Unterstützung. Ich hatte einen langen Arbeitstag hinter mir, und dieses ganze Herumgekurve hat mich völlig fertig gemacht."

JULIA: „Gibt es ein Bedürfnis, Fehler machen zu dürfen? Nicht immer zurechtgewiesen zu werden?"

Nein, das gibt es nicht. Aber diese Wünsche passen zum Bedürfnis nach Akzeptanz ...

JULIA: „Ja, das trifft es auch, aber ich glaube, in dem Augenblick habe ich mich am meisten nach menschlicher Wärme gesehnt."

Bitten

Wie möchte Romeo seine Bitte an Julia formulieren, so daß sie alle vier Schritte enthält?

ROMEO: „Als du behauptet hast, du könntest dich nicht mehr erinnern, was du vorher gesagt hattest, fühlte ich mich ziemlich hilflos und spürte meine Erschöpfung ganz deutlich. Ich habe so sehr das Bedürfnis nach Ruhe und Unterstützung. Würdest du jetzt bitte die restliche Strecke fahren?"

JULIA: „Als du mich mit deiner Oma verglichen hast, fühlte ich mich frustriert. Ich wußte ja schon, daß ich einen Fehler gemacht hatte, und ich hatte das Bedürfnis nach Wärme. Bitte ... "

Welche Bitte könnte Romeo motivieren, auf Julias Bedürfnis einzugehen – hier und jetzt?

JULIA: „Bitte, kannst du mich jetzt einfach mal in den Arm nehmen?"

Wunderbar. Das war das glückliche Ende eine kleinen Reise. Und wie es das Leben so will, findet die nächste Herausforderung für unser Liebespaar am Anfang einer großen Reise statt.

5. »Wie konntest du nur!«
Die wandelbare Welt der Vorwürfe

Startbahn

„Du, ich glaube, ich habe vergessen, das Bügeleisen auszuschalten.“

„Du hast was? Das ist nicht dein Ernst, oder?“

„Doch. Oder vielmehr – ich bin mir nicht sicher. Aber es könnte gut sein ...“

„Das darf doch nicht wahr sein! Und wieso fällt dir das gerade jetzt ein? Vor einer halben Stunde hätten wir noch beim Nachbarn anrufen können! Ausgerechnet jetzt kommt dir das in den Sinn, wo unser Flugzeug die Startbahn entlangrollt ... Es sind noch viereinhalb Stunden, bis wir auf Teneriffa landen und telefonieren können!“

„Jetzt schrei doch bitte nicht so. Vielleicht habe ich es ja auch ausgeschaltet. Ich weiß es einfach nur nicht mehr.“

„Dann versuch doch mal, dich zu erinnern. Wieso zum Teufel mußtest du auch in letzter Minute noch bügeln?“

„Es waren deine Hemden, die ich noch bügeln mußte, nicht mein eigenes Zeug!“

„Ich hatte dich aber schon vor ein paar Tagen darum gebeten, nicht heute morgen.“

„Ich hab's aber nicht eher geschafft! Gestern nach der Arbeit mußte ich noch tausend Sachen für unseren Urlaub besorgen, und unsere Koffer mußte ich auch noch packen! Weißt du überhaupt, was das heißt, die ganzen Urlaubsvorbereitungen alleine machen zu müssen?“

„Moment mal. Du hast selber gesagt, daß du mein Chaos nicht ertragen kannst und daß es dir deswegen viel lieber ist, wenn du selber packst.“

„Ich sage ja gar nicht, daß du das hättest machen sollen. Aber du tust so, als hätte ich in den letzten Tagen nur gefaulenzt. Ich hatte so viel zu tun, und deswegen konnte ich deine blöden Hemden auch erst heute morgen bügeln!“

„Ich würde sagen, das war selbst gemachter Streß.“

„Das ist unfair! Willst du etwa damit behaupten, das sei alles meine eigene Schuld?“

„So könnte man es sagen, ja.“

„So eine Behandlung habe ich wirklich nicht verdient! Wie kann man nur so egoistisch sein! Ich tu dir einen Gefallen, und du –“

„Sag mal, wer hat hier eigentlich das Bügeleisen angelassen?“

„Vielleicht ist es ja gar nicht mehr an."

„Also was denn jetzt? An oder aus? Hast du den Stecker rausgezogen, oder brennt demnächst unsere ganze Wohnung ab?"

„Wenn du mich so unter Druck setzt, kann ich keinen klaren Gedanken fassen ... Also, ich habe die Hemden auf einen Bügel gehängt, als ich damit fertig war. Und dann ... Halt! Jetzt weiß ich's wieder! Natürlich habe ich den Stecker vom Bügeleisen rausgezogen! Mußte ich ja, weil ich die Steckdose für den Föhn brauchte!"

„Und den Föhn hast du nicht zufällig angelassen?"

„Nein, bestimmt nicht. Aber jetzt fällt's mir wieder ein: Deine Hemden hängen alle noch dort."

Moralische Urteile und Vorwürfe

Wir können gar nicht anders, als Situationen, Handlungen oder das Verhalten anderer Menschen zu bewerten. Wir müssen es sogar tun, um Gefahren erkennen und einschätzen zu können oder um Dinge, die uns gut tun, von denen zu unterscheiden, die uns schaden. Maßgeblich sind hierbei unsere individuellen Überzeugungen und Prioritäten: Was ist uns wichtig im Leben? Worauf legen wir Wert? Der kleine, aber entscheidende Unterschied zwischen einer persönlichen Bewertung und einem moralischen Urteil liegt in der Verallgemeinerung: Statt zu sagen: „Ich finde es nicht gut, wenn ... " heißt es dann: „Man soll nicht ... " Und schon sieht es aus, als hätte der Urteilende, wenn schon nicht den gesamten Rest, dann doch schon einen großen Teil der Menschheit hinter sich – und die Moral auf seiner Seite. Persönliche Werturteile können sich je nach Situation verändern – moralische Urteile sind statisch und in Stein gemeißelt.

Als Vorwurf formuliert, wird aus dem moralischen Urteil dann ein Angriff mit Folgen. Vorwürfe erzeugen bei dem, der sie vorgeworfen bekommt, im Inneren oft Scham, Schuld oder Ärger, und nach außen hin rufen sie meistens Gegenwehr oder Verteidigung hervor. Das Ergebnis ist fast immer das gleiche: Anklage – Abwehr durch Gegenanklage oder Rechtfertigung – neue Anklage ... Die Gefühle fallen unter den Tisch, die Liste der unerfüllten Bedürfnisse wird immer länger.

Denn Vorwürfe und Beschuldigungen sind nichts anderes als ein mißlungener Versuch, dem anderen seine Gefühle und Bedürfnisse mitzuteilen. Um in einer angespannten Situation mit den eigenen, bedrückenden Gefühlen fertig zu werden, wird der Fehler beim anderen gesucht – und meistens auch gefunden.

Verantwortung leugnen

Wie oft haben Sie schon gesagt, Sie „müßten" dieses oder jenes tun, obwohl niemand anders als Sie selbst Sie zum Handeln veranlassen kann? Der Einsatz von „müssen" und „sollen" ist ein häufig angewandtes Sprachmuster, mit dem von der persönlichen Verantwortung für die eigenen Gedanken, Gefühle und Taten abgelenkt wird. Wir tun es oft unbewußt und ohne negative Absicht, aber der Effekt bleibt derselbe: Irgendeine allmächtige Institution, eine anonyme Autorität, ein kollektiver Druck, ein unkontrollierbarer Impuls – oder eben der Konfliktpartner waren es, die uns angeblich einen Auftrag erteilt haben, den wir nicht ablehnen konnten. Wenn Julia also sagt: „Gestern nach der Arbeit mußte ich noch tausend Sachen für unseren Urlaub besorgen, und unsere Koffer mußte ich auch noch packen!", dann können wir eigentlich davon ausgehen, daß sie es aus freien Stücken getan hat. Durch das „müssen" macht sie sich zum Opfer, das für sein Handeln – und auch dessen Konsequenzen – nicht verantwortlich ist. Es ist eine wunderbare Aufmerksamkeitsübung, wenn Sie einmal ganz bewußt darauf achten, wie häufig Sie diesen Begriff in Zusammenhängen anwenden, in denen er nichts zu suchen hat – nur aus alter Gewohnheit!

Unsere Sprache bietet noch weitere Möglichkeiten, die eigenen Spuren zu verwischen und die Verantwortung an andere abzugeben: durch Verallgemeinerungen („Männer müssen immer ... " oder „Kinder dürfen niemals ... ") oder den Einsatz der Wörter „man" oder „es" („Man tut so was nicht" oder „Es ist eben so üblich").

Dabei sieht es noch nicht einmal danach aus, als wäre es wirklich von Vorteil, die Verantwortung für das eigene Handeln zu leugnen. Ganz im Gegenteil, wir zahlen einen hohen Preis: Wir verlieren nicht nur unsere eigene Selbstbestimmung und Autonomie, sondern auch den Kontakt zu unseren Gefühlen und Bedürfnissen, die uns motiviert haben, so und nicht anders zu handeln.

Verdienen

Die Vorstellung, etwas „zu verdienen" oder gerade eben nicht, hängt sehr eng mit dem System zusammen, in dem wir aufgewachsen sind und in dem „richtiges" Verhalten belohnt und „falsches" bestraft wird. Diese Prinzip haben wir nur allzu gut verinnerlicht, und oft dient es uns als Rechtfertigung für bestimmte Ansprüche und Erwartungen.

„So eine Behandlung habe ich wirklich nicht verdient!", ruft Julia, und sie drückt damit aus, daß sie für ihr Verhalten eine angemessenere Reaktion erwartet. Schlechte Nachrichten, Julia: Es gibt keine Belohnung. Es gibt auch keine Bestrafung. Was es gibt, sind Geschenke, unkalkulierbar, nicht einzufordern oder gar einzuklagen – aber wenn sie kommen, dann kommen sie von Herzen. Am leichtesten kann das geschehen, wenn statt vermeintlicher Ansprüche die eigenen Gefühle und Bedürfnisse zusammen mit einer Bitte ausgedrückt werden; in diesem Fall also: „Ich habe einen Fehler gemacht und bin verzweifelt. Ich brauche deine Unterstützung und deine Wärme. Können wir auf dieser Basis weiter darüber reden?“

Eine negative Äußerung – vier Reaktionsmöglichkeiten

Auf Kritik, Vorwürfe oder Schuldzuweisungen gibt es weit mehr als nur eine Antwort. Um dies besser darstellen zu können, nehmen wir jeweils einen Satz aus dem vorangegangenen Dialog und verdeutlichen daran die verschiedenen Reaktionsmöglichkeiten:

ROMEO: „Wieso zum Teufel mußtest du auch in letzter Minute noch bügeln?“

JULIA: „Wie kann man nur so egoistisch sein! Ich tu dir einen Gefallen, und du –“

1. Wahlmöglichkeit: Selber Schuld!

„Ja, wieso zum Teufel eigentlich? Hätte ich ja eigentlich wissen müssen, daß solche Aktionen meistens schief gehen ... Warum kann ich meine Zeit bloß so schlecht einteilen? Oder wenigstens ein bißchen aufmerksamer sein ... “

So oder so ähnlich könnten Julias Gedanken lauten, wenn sie sich den Schuh anzieht, der ihr gerade zu- bzw. vorgeworfen wurde. Und bei Romeo hieße es vielleicht:

„Was bin ich nur für ein eigennütziger Chauvinist! Da stellt sich meine Frau unmittelbar vor Reisebeginn mir zuliebe ans Bügelbrett, und ich kritisiere sie auch noch dafür ... “

Mit solch einer Reaktion akzeptieren wir das Urteil, das über uns gefällt wurde. Dementsprechend geht es uns dann auch: Unser Selbstwert ist im Keller. Wir fühlen uns schwach, frustriert, ängstlich oder besorgt. Und was die Kritik des anderen vielleicht nicht geschafft hat, vollenden wir dann im inneren Dialog, indem wir uns überdies noch selbst Vorwürfe machen.

2. Wahlmöglichkeit: Du hast Schuld!

In unserem Beispiel reagiert Julia, indem sie kontert: „Es waren deine Hemden, die ich noch bügeln mußte, nicht mein eigenes Zeug!“ Damit ist der Schwarze Peter wieder bei Romeo gelandet. Und der benutzt die gleiche Strategie – Julias Vorwurf wird mit einer Gegenfrage zurückgespielt: „Sag mal, wer hat hier eigentlich das Bügeleisen angelassen?“

Es passiert manchmal geradezu automatisch, daß wir einen Vorwurf mit einer Rechtfertigung oder einem Gegenangriff beantworten. Wir hatten entweder gute Gründe – oder der andere war's. Oft ist das der Auftakt für ein längeres Pingpong-Match, bei dem die Schuldfrage hin und her geschoben wird.

3. Wahlmöglichkeit: Was fühle und was brauche ich jetzt?

Vorwürfe tun weh. Aber was genau schmerzt da? Und warum? Durch die Beschäftigung mit den eigenen Gefühlen und Bedürfnissen, die der Vorwurf ausgelöst hat, ergibt sich eine weitere Reaktionsmöglichkeit. Sie bietet zudem die Gelegenheit, aus der Diskussion über Vergangenes auszusteigen und wieder in die Gegenwart zurückzukehren. JULIA könnte zum Beispiel sagen:

„Wenn ich dich fragen höre, warum ich in letzter Minute noch bügeln mußte, fühle ich mich traurig, weil ich eigentlich gar nicht darüber sprechen möchte, wer Schuld hat – ich brauche stattdessen Verständnis und Kooperation."

Und ROMEO: „Wenn du mich als Egoisten bezeichnest, fühle ich mich noch frustrierter ... Im Grunde bin ich doch auch nur besorgt und nervös, weil unsere Wohnung vielleicht tatsächlich in Gefahr ist. Was ich jetzt am allermeisten brauche, ist ein Ende dieser Ungewißheit – bitte versuch dich doch daran zu erinnern, ob du das Bügeleisen abgestellt hast oder nicht."

4. Wahlmöglichkeit: Was fühlt und was braucht der andere?

Die vierte Möglichkeit, mit einer negativen Äußerung umzugehen, ist Einfühlung für den anderen. Wichtig hierbei ist allerdings, sich zunächst der eigenen Gefühle und Bedürfnisse bewußt zu werden, bevor man sich mit der Frage befaßt, was eigentlich hinter dem Vorwurf des Gegenübers steckte. In unseren Beispielen sind die Gefühle nicht schwer zu entdecken. JULIA zu ROMEO:

„Ich kann sehen, daß du besorgt bist, mir geht's ja nicht anders ... Und es ist bestimmt schwer für dich auszuhalten, daß du im Moment gar nichts unternehmen kannst, um Gewißheit zu bekommen."

Diese Einfühlung hätte ROMEO gut getan und seine Bereitschaft, seinerseits einfühlsam zu reagieren, sicherlich erhöht. Vielleicht wäre seine Antwort an JULIA dann folgendermaßen ausgefallen:

„Ich weiß, du fühlst dich verzweifelt, weil du Anteilnahme brauchst. Und sicher hättest du auch gern meine Unterstützung dabei, herauszufinden, was eigentlich passiert ist. Laß uns doch einfach noch mal ganz genau durchgehen, was du getan hast, bevor wir die Wohnung verlassen haben."

Und noch einmal von vorn ...

Vielleicht ist Ihnen schon aufgefallen, daß Gewaltfreie Kommunikation eine Art „Energiesparmodell" ist – statt Ihre Kraft in anstrengende Auseinandersetzungen zu investieren, können Sie sie anderweitig einsetzen. Daß man mit Gewaltfreier Kommunikation auch noch viel wertvolle Zeit sparen kann, ist den meisten am Anfang noch nicht bewußt, weil ihnen die ungewohnte Gesprächsführung zunächst etwas umständlich erscheint.

Lassen wir Romeo und Julia deshalb das gesamte Gespräch noch einmal „nachstellen" und dabei die eben vorgestellten Alternativen verwenden. Das hätte dann folgendermaßen aussehen können:

„Du, ich glaube, ich habe vergessen, das Bügeleisen auszuschalten."

„Du hast was? Das ist nicht dein Ernst, oder?"

„Doch. Oder vielmehr – ich bin mir nicht sicher. Aber es könnte gut sein ..."

„Das darf doch nicht wahr sein! Und wieso fällt dir das gerade jetzt ein? Vor einer halben Stunde hätten wir noch beim Nachbarn anrufen können! Ausgerechnet jetzt kommt dir das in den Sinn, wo unser Flugzeug die Startbahn entlangrollt ... Es sind noch viereinhalb Stunden, bis wir auf Teneriffa landen und telefonieren können!"

An dieser Stelle wird Julia klar, daß das Gespräch einen destruktiven Verlauf nehmen könnte. Sie entscheidet sich zunächst für Möglichkeit drei (Selbsteinfühlung) und wendet dann die Möglichkeit vier an: Einfühlung für Romeo. Obwohl auch sie in diesem Moment Einfühlung braucht, springt sie über ihren Schatten. Ganz wichtig dabei: Sie tut es für sich selber.

„Sag mal, du bist ziemlich erschrocken über meine Mitteilung, nicht? Machst du dir Sorgen um unsere Wohnung?"

„Na klar, und wie! Am schlimmsten ist, daß wir erst mal überhaupt nichts dagegen tun können ..."

„Wahrscheinlich wäre dir jetzt wichtig, daß ich mich endlich erinnere, ob ich das blöde Ding nun ausgestellt habe oder nicht."

„Ja, aber ich merke auch, daß du im Moment viel zu aufgeregt bist, um einen klaren Gedanken zu fassen. Was soll's – wir werden die Folgen tragen. Und ich mache dir auch gar keinen Vorwurf, schließlich war das eine stressige Abreise ... Sollen wir noch mal zusammen überlegen, wie das Ganze abgelaufen ist?"

„Also, ich habe deine Hemden auf einen Bügel gehängt, als ich damit fertig war. Und dann ... Halt! Jetzt weiß ich's wieder! Natürlich habe ich den Stecker vom Bügeleisen rausgezogen! Mußte ich ja, weil ich die Steckdose für den Föhn brauchte!"

„Ich mochte deine Frisur schon immer, aber du kannst dir gar nicht vorstellen, wie toll ich sie in diesem Moment finde."

„Mist, jetzt fällt's mir wieder ein: Deine Hemden hängen alle noch dort."

„Ach du lieber Himmel. Glaubst du, daß mir spanische Hemden stehen würden?"

„Du wirst wunderbar darin aussehen, mein Liebster. Und überhaupt: Danke."

6. »Nur wegen dir geht's mir schlecht.«

Über Gefühle und Verantwortung

Jubiläum

„Sag mal, ist irgendetwas nicht in Ordnung, Liebling? Seit wir unser Essen bestellt haben, hast du kein einziges Wort mit mir geredet ... Habe ich irgendetwas verkehrt gemacht?"

(Schweigen)

„Gut, wir können natürlich auch hier sitzen und schweigen ... Eine Frage noch – gibt's eigentlich was Besonderes zu feiern heute, oder warum hast du dich so schick gemacht?"

„Eigentlich solltest du das selber wissen."

„Laß mich raten ... Bist du befördert worden? Haben wir im Lotto gewonnen? Ein Bankirrtum zu deinen Gunsten?"

„Hör mal, ich fühl' mich überhaupt nicht von dir ernst genommen!"

„Habe ich etwa irgendeinen Termin vergessen? Dein Geburtstag kann es jedenfalls nicht sein ..."

„Heute vor fünf Jahren haben wir uns kennen gelernt. Hier, bei diesem Italiener. So viel zum Thema ‚Wichtige Ereignisse in unserem Leben', vielen Dank."

„Aber Liebling, das ist wichtig für mich! Ich hätte nur nicht gedacht ... Fünf Jahre schon!"

„Wenn es dir so viel bedeuten würde wie mir, hättest du mit Sicherheit selber daran gedacht."

„Es tut mir leid, wirklich! Aber du weißt doch, wie ich bin! Ich vergesse doch sogar meinen eigenen Geburtstag ... Komm, laß uns anstoßen auf unsere gemeinsamen fünf Jahre!"

„Ich weiß nicht. Irgendwie ist mir jetzt nicht mehr danach."

„Jetzt mach doch nicht so ein Drama! Ich habe einen Termin vergessen, na und?"

„Ich habe das Gefühl, dir ist völlig egal, wie es mir damit geht."

„Was soll ich denn jetzt tun? Mich vor dir auf den Boden werfen? Oder lieber vor ein Auto?"

„Wenn du das jetzt noch ins Lächerliche ziehst, fühle ich mich noch mieser."

„Okay, Gnädigste: Was, bitte, kann ich tun, um den Abend noch zu retten?"

„Du könntest dich ja mal fragen, warum du solche Termine immer vergißt. Termine, die unsere Beziehung betreffen."

„Aber ich vergesse doch auch andere Termine! Zahnarzttermine zum Beispiel!"

„Ein schöner Vergleich, danke."

„Ach, komm jetzt! Laß uns einfach einen schönen Abend zusammen haben!"

„Und meine Gefühle kehren wir einfach unter den Teppich, ja?"

„Also, bei dieser Art von Gefühlen hätte ich wirklich nichts dagegen."

„So ist das also: Wenn ich gut drauf bin, ist alles wunderbar, aber meine negativen Gefühle soll ich schön für mich behalten, was?"

„Ich habe allmählich das Gefühl, du übertreibst."

„Und ich habe das Gefühl, daß du es dir ein bißchen zu leicht machst! Vielleicht schaust du mal, was du zu meiner Stimmung beigetragen hast?!"

„Willst du etwa damit sagen, daß ich für deine schlechte Laune verantwortlich bin?"

„Typisch, das schlechte Laune zu nennen! Ich nenne so etwas verletzte Gefühle!"

„Womit wir wieder beim Ausgangspunkt wären."

„Bitteschön, einmal Scampi für Signora und ein Bistecca Funghi für den Herrn! Buon appetito!"

Die Macht der Gefühle

Ohne die Gefühle, durch deren Signalwirkung wir unsere primären Bedürfnisse nach Nahrung, Trinken und Atemluft erfüllen können, wären wir nicht lebendig. Ohne die Gefühle, die auf unsere Bedürfnisse im Kontext des sozialen und emotionalen Überlebens hinweisen, könnten wir ebenso wenig überleben. Trotz ihrer Vielfalt haben wir Menschen sie ebenso gemeinsam wie unsere Bedürfnisse. Und obwohl sie Ausdruck unserer ureigenen Lebendigkeit sind, haben wir uns eine Kultur erschaffen, in der das bewußte Wahrnehmen und Ausdrücken von Gefühlen eine untergeordnete Rolle spielt. Natürlich hat sich mittlerweile herumgesprochen, daß unterdrückte Gefühle uns irgendwann teuer zu stehen kommen. Nur: Wie gehen wir mit ihnen im Alltag um?

Seltsamerweise tauchen die Worte „Gefühl" und „fühlen" relativ häufig in unserer Umgangssprache auf; viel häufiger jedenfalls, als wir tatsächlich Zugang zu ihnen hätten oder sie gar offen aussprechen würden. Das liegt unter anderem daran, daß wir oft behaupten, wir würden etwas fühlen, obwohl es ein Gedanke war. „Ich habe das Gefühl, dir ist völlig egal, wie es mir damit geht" – Gefühl oder Gedanke? „Ich habe das Gefühl, daß du es dir ein bißchen zu leicht machst" – Gefühl oder Gedanke? In beiden Fällen handelt es sich um eine Interpretation des Verhaltens des anderen und nicht um ein Gefühl, das auf ein menschliches Bedürfnis verweist. Und natürlich steckt immer ein echtes dahinter. Das klingt dann aber ganz anders: „Ich fühle mich einsam", würde es dann vielleicht heißen, oder: „Ich fühle mich besorgt."

Eine andere weit verbreitete Methode, Gedanken als Gefühle zu etikettieren, sind Formulierungen wie „Ich fühle mich nicht beachtet", „Ich fühle mich ausgenutzt" oder: „Ich fühle mich ungeliebt". Das sind Schlußfolgerungen, die wir aus dem Verhalten oder den Aussagen anderer ziehen. Dabei warten die echten Gefühle dahinter schon sehnsüchtig darauf, endlich beim Namen genannt zu werden: Sie könnten „unsicher", „deprimiert" oder „traurig" lauten. Und natürlich gilt das Ganze auch auf der Sonnenseite unserer Sprachwelt. „Ich habe das Gefühl, meine Bitte ist angekommen" ist ebenso wenig ein Gefühl wie „Ich fühle mich akzeptiert". Dahinter steht vermutlich das Gefühl, froh oder dankbar zu sein.

Beiden Varianten dieser Nicht-Gefühle liegt ein Irrtum zugrunde. Viele Menschen setzen ihre Gedanken ihren Gefühlen gleich, weil sie nicht merken, was sie denken – und wie dieses Denken ihre Gefühle beeinflußt: Folglich halten sie ihr Werturteil für ein Gefühl. Und für beide Varianten gibt es zwei ebenso simple wie wirkungsvolle Wege, sie als Mogelpackungen zu identifizieren: Ersetzen Sie einfach „Ich habe das Gefühl ..." bzw. „Ich fühle mich ..." durch die Worte „Ich bin ..." Falls Ihre Aussage jetzt noch irgendeinen Sinn ergibt (damit wir übereinstimmen: „Ich bin, du hörst mir nicht zu" ist kein sinnvoller Satz), handelt es sich entweder tatsächlich um ein Gefühl, oder Sie können sich mit dem Wahrheitsgehalt Ihrer Behauptung auseinandersetzen: Werden Sie tatsächlich ausgenutzt oder nicht beachtet? Wie auch immer Ihre Antwort lautet – von einem Gefühl war hier nicht die Rede.

Der andere Weg führt zum gleichen Ziel: Bei jedem vermeintlichen „Gefühl", das einen Täter erfordert, ist Vorsicht angebracht. Formulierungen wie „Ich fühle mich im Stich gelassen" oder „Ich fühle mich ausgeschlossen" weisen lediglich darauf hin, daß Sie vermuten, jemand anderes ließe Sie im Stich oder würde Sie ausschließen. Das mag stimmen oder auch nicht – Ihr Gefühl jedoch kommt aus Ihrem Inneren und beschreibt Ihren Zustand, nicht dessen Anlaß. Was uns gleich zur nächsten Frage führt:

Wer macht die Gefühle?

Auch hier können wir in unserer Alltagssprache oft ein irreführendes Muster beobachten: Wir sprechen so, als hätte der andere unsere Gefühle verursacht. Und oft genug glauben wir es auch. Wir hätten sie ja schließlich nicht, wenn unser Partner nicht dieses oder jenes gesagt oder getan hätte, oder? Was uns bei dieser Gleichung allerdings stutzig machen könnte, ist die Tatsache, daß alle Menschen zwar über ein ähnliches Gefühlsspektrum verfügen, aber auf eine bestimmte Situation mit völlig unterschiedlichen Gefühlen antworten. Und sicher haben Sie auch schon einmal erlebt, daß ein und derselbe Satz bei Ihnen, je nach Absender oder Tagesform, ganz andere Reaktionen hervorgerufen hat.

Die erste gute Nachricht: Sie haben die alleinige Oberhoheit und somit auch das Sorgerecht und die Verantwortung für all Ihre Gefühle. Die zweite gute Nachricht: Sie haben die Wahl.

Sicherlich wird es nicht funktionieren, wenn Sie Ihre Hand auf die Herdplatte legen und sich für ein Glücksgefühl entscheiden. In akuten, existenziell bedrohlichen Situationen, bei Gewalt oder Verlusten werden Sie auch nicht überlegen, ob Sie Schmerz und Angst fühlen wollen oder nicht. Aber wenn es um Ihre Gefühle im Zusammenhang mit der Bewertung einer Handlung oder der Aussage einer anderen Person geht, lohnt sich ein zweiter Blick. Werfen wir den doch gleich mal auf Julias Satz: „Wenn du das jetzt noch ins Lächerliche ziehst, fühle ich mich noch mieser."

Es geht hier keineswegs darum, Julia die Freiheit zu nehmen, sich noch mieser zu fühlen. Wie gesagt, es ist ihre Wahl, Romeos Aussage „Was soll ich denn jetzt tun? Mich vor dir auf den Boden werfen? Oder lieber vor ein Auto?" als Lächerlichmachen zu interpretieren. Allerdings gibt es auf Romeos Versuch, die Situation zu beenden, noch einige andere Reaktionsmöglichkeiten. Julia könnte zum Beispiel die Absurdität dieser Diskussion erkennen und lauthals lachen – und den Rest des Beziehungsjubiläums genießen. Sie könnte Romeos Angebot akzeptieren, sich entweder vor sie auf den Boden oder vor das nächste Auto zu werfen, und sofern sie sich für die erste Möglichkeit entscheidet, könnte der Abend noch gerettet werden. Sie könnte irritiert die Augenbrauen heben, um einen originelleren Liebesbeweis bitten oder ein Glas Wasser für den Herrn bestellen. Oder wie wäre es damit: Sie könnte vermuten, daß ihm diese ganze Situation peinlich ist und er nicht weiß, was er tun soll, um seinen Fehler wieder gutzumachen. Und sollte sie sich trotz all dieser Alternativen für ihre erste Interpretation entscheiden, trägt sie die volle Verantwortung dafür. Und nicht etwa Romeo. Der mag der Auslöser sein, aber nicht die Ursache für Julias Gefühle – und ist wiederum selbst verantwortlich für das, was er fühlt.

Unser Gehirn gaukelt uns gern vor, beim Einschätzen einer Situation sei zuerst das Gefühl da und dann unsere Reaktion. Untersuchungen haben gezeigt, daß es sich genau umgekehrt verhält: Etwas geschieht, und in Sekundenbruchteilen sucht unser Gehirn nach vergleichbaren Geschehnissen aus der Vergangenheit, ordnet ein und bewertet. Erst danach fühlen wir. Vielleicht wurde Julia früher einmal ausgelacht, als sie ihre Gefühle zeigte? Vielleicht ist sie wegen „unangemessener" Heiterkeitsausbrüche in der Vergangenheit bestraft worden? Dann wäre es möglicherweise an der Zeit, mal eine andere Deutung der Situation und damit ein anderes Gefühl „auszuprobieren". Oder, in Anlehnung an ein bekanntes Zitat: Wenn du immer nur das gleiche denkst, wirst du immer dieselben Gefühle bekommen.

Wenn wir Verantwortung für unsere eigenen Gefühle übernehmen, laufen wir nicht mehr Gefahr zu glauben, daß wir für die des anderen verantwortlich sind. Das schafft Raum für echtes Mitgefühl, das frei von Schuldgefühlen und Gewissensbissen ist.

Solo für Romeo

Brechen wir an dieser Stelle einmal mit unseren Gewohnheiten und laden Romeo zu einem Einzelgespräch ein. Wir werden auch diesmal nicht mit den vier Schritten arbeiten, sondern stattdessen Romeos Strategiensammlung um ein paar Werkzeuge erweitern, die bei zukünftigen Konflikten hilfreich sein könnten.

Auch wenn sie nicht immer eindeutig kommuniziert wurden – Julias Gefühle in diesem Dialog sind offensichtlich. Sie ist traurig und empört, und ihre Bedürfnisse nach Verbindung und Verständnis sind nicht erfüllt. Überlassen wir also diesmal Julias Gefühlen die Hauptrolle und wenden uns den Möglichkeiten zu, die Romeo hat, um auf eine Aussage wie „Ich weiß nicht. Irgendwie ist mir jetzt nicht mehr danach" zu reagieren. Die wichtigste Voraussetzung für jede der Antworten ist Empathie und ein Bewußtsein über die eigenen Gefühle und Bedürfnisse. Und sollte eine Einfühlung in den anderen gerade nicht möglich sein – was keine Seltenheit ist –, dann hilft als Wegweiser für die Antwort die größtmögliche Aufrichtigkeit sich selbst, den eigenen Gefühlen und Bedürfnissen gegenüber.

„Ich weiß nicht. Irgendwie ist mir jetzt nicht mehr danach."

Welche Möglichkeiten hat Romeo, mit dieser Aussage umzugehen?

Der Goldene Weg ...

... wäre in diesem Fall Einfühlung in die Bedürfnisse, die hinter Julias Aussage stecken – z.B.: „Bist du frustriert, weil du Verständnis für deine entgangene Freude brauchst? Und möchtest du, daß ich merke, was dir diese fünf Jahre bedeuten?"

Den Auslöser anerkennen

Romeo könnte ebenso noch einmal Bezug auf den Anlaß nehmen, der den Konflikt ausgelöst hat, etwa: „Ich bin wirklich völlig zerknirscht, daß ich nicht an unser Jubiläum gedacht habe." Das wäre eine Art von Entschuldigung, bei der die Verantwortung – und die Absolution – nicht dem anderen zugeschoben wird.

Um Wertschätzung bitten

„Ich bin traurig und würde mich freuen, wenn du sehen könntest, wie unangenehm mir das Ganze ist – und mir verzeihen könntest."

Hier geht es nicht darum, eine Schuld (im wörtlichen Sinne des Begriffs Ent-Schuldigung) loszuwerden. Verzeihen kann bedeuten, daß der andere die Situation so akzeptiert, wie sie ist, und versichert, daß die Verbindung wieder in Ordnung ist – vielleicht noch mit etwas Bedauern im Hintergrund.

Nach Einfühlung fragen

„Ich bin total frustriert. Kannst du dir vorstellen, wie es mir in dieser Situation geht?"

Kurze Pause I

Der Rückzug in die Toilette während eines Restaurantbesuchs ist eher eine weibliche Strategie, kann aber auch von Männern ausprobiert werden, wenn eine Unterbrechung nötig ist. Manchmal tut's aber auch eine kleine Schweigeminute, in der Gedanken wie „Ich bin gerade stinksauer und werde abwarten, bis mir etwas einfällt, das die Situation entspannt" hilfreich sind.

Kurze Pause II

Die Gedanken sind frei, auch die „bösen", wenn man sie kommen und wieder gehen läßt. Gewaltfreie Kommunikation bedeutet nicht, daß man nur friedliche und noble Dinge im Sinn hat. Wie wär's mit: „Du jammernde Zicke, kannst du nicht endlich mal mit deiner Opfernummer aufhören?" Wer sich **innerlich** (!) auf diese Weise abreagiert, findet leichter Zugang zu den eigenen Gefühlen, die hinter diesem Ärger stehen – und schafft so wieder Raum für Einfühlung. Wichtig bei den inneren Dialogen ist auch, eigene Impulse wahrzunehmen, die in Richtung Bestrafung oder Kontrolle des anderen gehen, und sich bewußt gegen diese Strategien zu entscheiden.

7. »Ach, komm doch endlich!«
Über Bedürfnisse und Strategien

Heimspiel

„Nanu, du bist heute aber früh zurück aus dem Büro!“

„Ich hab mich extra beeilt – sag mal, was hältst du davon, wenn wir heute Abend zum Jazzkonzert ins ‚Blue Note‘ gehen? Ich hab vorhin da angerufen, es gibt noch Karten … “

„Oh, bitte nicht, ich hab beim letzten Mal nach einer halben Stunde nicht mehr atmen können in diesem verqualmten Schuppen!“

„Echt? Ist mir gar nicht aufgefallen … Na gut – dann laß uns doch stattdessen den neuen Film mit Julia Roberts angucken. Die Vorschau neulich war gar nicht übel … “

„Julia Roberts? Och nee … “

„Was hast du gegen Julia Roberts?“

„Eigentlich nichts, aber auf diese Hollywood-Schinken stehe ich ja nun überhaupt nicht.“

„Na gut, dann mach halt einen besseren Vorschlag.“

„Vielleicht –“

„Warte! Wir könnten heute endlich mal bei Barbara und Stephan vorbeischauen. Ihre Tochter ist jetzt schon mindestens 4 Monate alt, und wir haben sie immer noch nicht gesehen!“

„Also, einfach unangemeldet reinschneien, das möchte ich bei denen nicht machen. Ich kann mir auch gut vorstellen, daß die froh sind, wenn die abends mal ihre Ruhe haben.“

„Sag mal, dich kann wohl gar nichts vom Hocker reißen, was?“

„Ich …“

„Dann sag doch mal endlich, was du willst, statt immer an meinen Vorschlägen rumzumäkeln!“

„Okay: Wir gehen ins Bett, gucken uns das EM-Viertelfinale an und lassen uns in der Halbzeitpause ’ne Pizza bringen. Jetzt mach doch nicht gleich so ein schmerzverzerrtes Gesicht!“

„Oh bitte! Das klingt ja wie Samstagnacht im Seniorenheim!“

„Mir macht so was Spaß."

„Ach komm, jetzt sei doch nicht so lahm. Ein bißchen Action könnte dir auch gut tun!"

„Dann machst du eben Action, und ich guck Fußball."

„Aber wieso denn? Jetzt haben wir endlich mal einen freien Abend zusammen, warum sollen wir da zuhause rumhängen?"

„Du hast mich gefragt, was ich will, und genau das ist es."

„Aber wir wollen doch was gemeinsam machen!"

„Meine Liebe, ich glaube, das war deine Idee, nicht meine. Ich möchte das Spiel sehen, entweder mit dir oder ohne dich!"

„Das Spiel ist dir wichtiger, als mit mir zusammen was zu unternehmen?"

„Wenn du es so sehen willst – ja."

„Und was ist mit meinen Bedürfnissen?"

„Ich weiß es nicht, Schatz. Ich weiß nur, daß das Spiel in fünf Minuten angepfiffen wird. Falls du dich entscheidest, hier zu bleiben – könntest du zwei Bier aus der Küche mitbringen?"

Bedürfnisse ...

Jeder hat sie. Immer. Überall. Sie sind es, die uns zum Kühlschrank treiben, in den Wald zum Joggen oder in die Arme unserer Liebsten. Sie lassen uns nach Schönheit und Inspiration suchen, nach Ordnung im Chaos, nach Frieden und nach einer warmen Bettdecke. Ohne sie hätten wir keine Träume und Visionen, keine Liebesbeziehungen, keine Kirchen und keine Fußballstadien. Unsere Bedürfnisse sind Quelle und Ausdruck unserer Lebenskraft.

Und deshalb sind wir unterwegs auf der Suche nach ihrer Erfüllung. Manche von ihnen dulden keinen Aufschub, andere können wir vorübergehend in eine Warteschleife schicken, wo sie sich früher oder später bemerkbar machen werden. Wieder andere Bedürfnisse versuchen wir zu verdrängen oder zu verstecken, bis sie sich explosionsartig Raum schaffen oder uns in Depressionen und Verzweiflung stürzen. Wir wurden dazu erzogen, einigen unserer Bedürfnisse keine Beachtung zu schenken. Das mag uns beeindruckt haben, nicht aber sie: Ob wir sie für schlecht oder unangemessen halten, ist ihnen egal – sie wollen erfüllt werden.

In unserem alltäglichen Sprachgebrauch wird das Wort „Bedürfnis" oft gleichgesetzt mit „Wunsch". In der Gewaltfreien Kommunikation verstehen wir unter Bedürfnissen das, was alle Menschen gleichermaßen brauchen – ihren Bedarf zum Leben und zum Wohlfühlen. „Bedürfnisse" nach Gummibärchen, Shopping oder Porschefahren sind demzufolge individuelle Wünsche, hinter denen sich jedoch ein echtes Bedürfnis verbirgt – manchmal ein ganz anderes, als der Wunsch zunächst vermuten läßt.

Erfüllte Bedürfnisse machen glücklich. Unerfüllte Bedürfnisse lassen uns sehnsüchtig oder hungrig umherstreifen. Es gibt einige, die wir uns selbst erfüllen können, und zahlreiche andere, deren Erfüllung von anderen Menschen abhängt. Und anstatt den direkten Weg zu gehen – andere um etwas zu bitten, das ihr eigenes Leben bereichert –, machen viele Menschen kilometerlange Umwege, verkleiden ihre Bitten und Sehnsüchte in Vorwürfe und Schuldzuweisungen, in Anklagen oder Beleidigungen.

Von daher ist es nicht weiter verwunderlich, daß die verblüffende Schlichtheit des Gebens und Empfangens, des gegenseitigen Erfüllens von Bitten zunächst einmal wie etwas vollkommen Neues erscheint. Kann das funktionieren?

Ja, es kann.

... und Strategien

Jeder von uns hat seine eigene, individuelle Art und Weise, für die Erfüllung seiner Bedürfnisse zu sorgen. Hunger haben wir alle; wie wir unser Essen beschaffen, variiert je nach Lebens- und Kulturraum, sozialen Bedingungen und persönlichen Vorlieben. Und genau hier befindet sich auch das größte Konfliktpotential: „Nicht die unterschiedlichen menschlichen Bedürfnisse sind im Konflikt miteinander, sondern die Strategien, die wir einsetzen, um sie zu erfüllen", sagt Marshall Rosenberg. In dieser Erkenntnis liegt jedoch gleichzeitig auch der Ansatz zur Lösung: Bedürfnisse sind konstant, Strategien – zum Glück – anpassungsfähig und veränderbar.

Nehmen wir einmal das Bedürfnis nach Liebe – wie vielfältig sind hier die Strategien, um sich dieses Bedürfnis zu erfüllen! Manche werden eindeutig von Frauen bevorzugt, von anderen versprechen sich vorwiegend Männer Erfüllung: Das Bedürfnis dahinter ist stets das gleiche. Problematisch wird es allerdings dann, wenn die eigene Strategie zum allgemeingültigen Maßstab erhoben wird: Das, was Sie glücklich macht, ist nicht notwendigerweise das gleiche, was Ihr Partner braucht, um sein Bedürfnis nach Liebe erfüllt zu bekommen.

Bedürfnisse in Beziehungen

An kaum einem Ort treffen so viele gegensätzliche und gemeinsame Bedürfnisse aufeinander wie in einer Liebesbeziehung. Als wäre es nicht schon kompliziert genug, den Umgang mit den gleichen Bedürfnissen, aber unterschiedlichen Strategien des anderen zu lernen, gibt es bei zahlreichen Paaren die Dauerbrennerthemen Freiheit contra Nähe, Autonomie contra Bindung oder Spontaneität contra Sicherheit. Und wie viel Zeit und Energie wird darauf verwendet, die eigenen Strategien durchzusetzen: mit Charme oder Verbissenheit, Überredungskunst oder Beleidigtsein – und mit viel verbaler Gewalt.

Die Lösung liegt nicht darin, Ihre Bedürfnisse zugunsten derer Ihres Partners zurückzustellen – wohin das führt, haben wir bereits gesehen. Die Lösung liegt darin, die Kraft, die bisher in das Durchsetzen oder Verteidigen der eigenen Strategien geflossen ist, für das einfühlende Aufnehmen der Bedürfnisse des anderen zu nutzen. Keinerlei Reibungsverluste also – stattdessen eine riesige Bandbreite an neuen Möglichkeiten. Und darüber hinaus die Sicherheit, daß jeder mit seinen Bedürfnissen gehört wurde und eine gemeinsame Lösung die Bedürfnisse beider berücksichtigen wird.

Die Gleichung ist ganz einfach: Wer gut für sich sorgt, kennt seine eigenen Gefühle und Bedürfnisse und sorgt dafür, daß sie erfüllt werden können. Wessen Bedürfnisse erfüllt sind, kann andere nähren, indem er ihre Bitten erfüllt. Erfüllen hat mit „Fülle“ zu tun, und genau sie ist die Quelle – die einzig mögliche. Von daher ist eine Beziehung der ideale Ort schlechthin, um die erstaunlichen Wechselwirkungen zu erforschen, die durch Mitteilen und Zuhören, Ein- und Mitfühlen, Bitten und Danken entstehen.

Solo für Julia

Eines vorweg: Unser Liebespaar hat seinen vermeintlichen „Interessenkonflikt“ ohne Verletzungen ausgetragen. Eine Lösung, der beide zustimmen können, ist zwar noch nicht gefunden, aber die Voraussetzungen dafür sind gut: Beide haben das Bedürfnis nach Gemeinsamkeit und danach, etwas Schönes zu erleben. Julia hat all ihre Überzeugungskraft und Kreativität in die Versuche gelegt, Romeo für ihre Pläne zu begeistern; Romeo, für den Julias Unterstützung beim Erfüllen seines Bedürfnisses nicht unbedingt notwendig war, hat seine Interessen auf den ersten Blick souverän vertreten.

Ganz bestimmt wäre das Gespräch anders verlaufen, wenn Romeo gleich zu Beginn von seinem Plan – und dem Bedürfnis dahinter – berichtet hätte. Auch wenn ein Vorhaben ganz eindeutig auf ein bestimmtes Bedürfnis verweist, das ihm zugrunde liegt – in Julias Fall wird es besonders deutlich –, ist es immer wichtig, dieses Bedürfnis auch auszusprechen. Geschieht das nicht, entsteht Raum für wilde Spekulationen, wie wir gleich sehen werden. In dieser Situation kommt noch erschwerend hinzu, daß keine Zeit für ein klärendes Gespräch mehr bleibt: Anpfiff ist Anpfiff.

Wir treffen Julia in der Küche, wo sie unentschlossen am Eßtisch sitzt und gerade ein Bier geöffnet hat. Sie möchte ihrer Frustration erstmal Luft machen:

„Also, das hätte ich nie gedacht, daß es ihm wichtiger sein könnte, so ein blödes Spiel anzugucken, statt mit mir gemeinsam was zu unternehmen ... Er ist doch sonst gar kein Fußballfan! Und was ist mit mir? Ich hab doch gar keine Wahl mehr!“

Ob dieser letzte Satz so stimmt, werden wir gleich noch herausfinden, indem wir die Bedürfnisse und Strategien der beiden genauer betrachten. Nur noch ein kurzes Wort zum Thema „Bewertungen“. Es steht Julia völlig frei, Fußballspiele blöd zu finden und ihre Meinung kundzutun. Wenn sie allerdings Romeos Vorhaben ihm gegenüber als „Samstagnacht im Seniorenheim“ bezeichnet, entwertet sie mit diesem Vergleich etwas, das ihm lieb und teuer ist: eine mehr als zweifelhafte Strategie, die kaum dazu geeignet ist, jemanden zu überzeugen. – Beginnen wir mit Julias Bedürfnissen. Wie sehen die aus?

„Ausgehen! Spaß haben! Ich habe die ganzen letzten Tage bis 21 Uhr oder noch später gearbeitet, und heute konnte ich endlich mal früher weg. Und natürlich wollte ich unbedingt etwas mit Romeo zusammen machen.“

Es geht also um die Bedürfnisse Feiern und Gemeinsamkeit. Was genau hindert Julia an deren Erfüllung?

„Wie? Aber das ist doch klar! Wenn er lieber Fußball gucken will, werden meine beiden Bedürfnisse nicht erfüllt.“

Jedenfalls nicht von Romeo. Hier begegnen wir einem weit verbreiteten Irrtum: Julia glaubt, daß Romeo für das Erfüllen ihrer Bedürfnisse zuständig ist. Und wenn Bedürfnisse ausschließlich an eine Person gekoppelt sind, sind es keine Bedürfnisse mehr, sondern Wünsche. Die mögen erfüllt werden oder auch nicht. Aber in letzter Instanz bleibt die Verantwortung für die Bedürfnisse immer bei demjenigen, der sie hat. Wenn Julia in Feierstimmung ist – was spräche dagegen, daß sie zusammen mit ihrer Freundin um die Häuser zieht?

JULIA: „Ich habe es als Zurückweisung angesehen, als Romeo vorschlug, ich sollte selber Action machen. Und als er am Ende zugab, daß ihm das Spiel wichtiger sei, als mit mir zusammen zu sein, da habe ich ganz kurz gedacht, er liebt mich nicht.“

Gut, daß dieses Thema noch einmal angesprochen wird. Solche „finalen“ Schlußfolgerungen hat vermutlich jeder schon einmal bei sich erlebt – und hoffentlich gleich darauf auch die Erkenntnis gehabt, daß dieser Rundumschlag an der Wirklichkeit vorbeiging. Der Umkehrschluß, es sei ein Zeichen der Ablehnung oder gar der Lieblosigkeit, wenn der andere selbst für das Erfüllen seiner Bedürfnisse sorgt, führt ebenso in die Irre wie die Annahme, Liebe hieße, die Bedürfnisse des Partners zu „erraten“. Seien Sie nett zu sich, wenn Sie sich bei solchen Gedanken „erwischen“ – und führen Sie sich freundlich, aber bestimmt vor Augen, daß dies eine Interpretation, aber mitnichten eine Beobachtung war.

Möglichkeit eins für Julia, ihre Bedürfnisse an diesem Abend zu erfüllen, wäre also, eine Freundin (oder Freunde) zu fragen, ob sie stattdessen mit ihr ausgehen will.

Einfühlung für Romeo

Die erste Halbzeit ist noch lange nicht vorbei. Bleiben wir also noch ein bißchen bei Julia in der Küche: Welches Bedürfnis, glaubt sie, hat Romeo an diesem Abend gehabt?

„Hmm – Fußball entspricht wohl dem Bedürfnis nach Spiel, nach Unterhaltung, oder? Er wollte sich auch amüsieren, aber eben ganz anders als ich ... “

Und was ist mit seinem Bedürfnis nach Gemeinschaft?

„Das hatte er ja wohl offensichtlich nicht, sonst wäre er ja mit mir ausgegangen.“

Stimmt das wirklich? Immerhin hatte Romeo zweimal ausdrücklich darauf hingewiesen, daß ihm Julias Gesellschaft willkommen sei – wenn auch nicht unverzichtbar. Wobei noch ein drittes Bedürfnis eine Rolle gespielt haben könnte: das nach Ruhe, verbunden mit der Strategie, sie sich in den eigenen vier Wänden zu gönnen.

JULIA: „Daß er eigentlich etwas mit mir zusammen machen will, habe ich, ehrlich gesagt, gar nicht mitgekriegt.“

Auch etwas, das häufiger vorkommt: Wer unbedingt die Erfüllung seines Bedürfnisses auf seine Weise durchsetzen will, bemerkt zwar den Widerstand, aber überhört manchmal die Zwischentöne, die eine gemeinsame Lösung ermöglichen könnten.

JULIA: „Das heißt also, wir haben beide genau die gleichen Bedürfnisse, aber benutzen unterschiedliche Strategien?“

So sieht es aus, ja.

„Dann wäre demnach meine zweite Wahlmöglichkeit, diesmal Romeos Strategie zu akzeptieren und ihn zu bitten, bei der nächsten Gelegenheit – sagen wir, Samstag – einen gemeinsamen Abend nach meinem Geschmack zu verbringen?“

Besser hätten wir es nicht formulieren können. Wobei es durchaus denkbar wäre, daß ausgerechnet am Samstag Julia eher nach einem Heimspiel zumute ist ...

„Das wäre in Ordnung. Moment! Mir ist gerade eine dritte Möglichkeit eingefallen!“

Julia springt auf, und wir hören sie im Nebenzimmer telefonieren. Zurück in der Küche, stellt sie eine Flasche Prosecco und zwei Gläser auf ein Tablett und beginnt danach, aufgeregt in den Schubladen zu wühlen. Sie findet die gesuchte Packung Wunderkerzen in der gleichen Sekunde, als es an der Wohnungstür klingelt. Ein guter Augenblick, finden wir, um uns zu verabschieden und zusammen mit dem Pizzaboten die Wohnung wieder zu verlassen.

8. »Würdest du wohl … ?«

Die Kunst des Bittens I

Chaos

„Hör mal, wir müssen unbedingt miteinander reden!"

„Oh, wenn ich dein Gesicht sehe, schwant mir Unheil … Was habe ich denn diesmal wieder angestellt?"

„Also, ich versuch's mal mit meinen Beobachtungen …"

„Liebling, mit so einer Mimik teilt kein Mensch Beobachtungen mit. Dein Gesicht sagt mir jetzt schon: mindestens 3 Jahre. Ohne Bewährung."

„Besser so? Also: Der halbe Inhalt deines Kleiderschranks liegt auf dem Schlafzimmerboden. In der Waschmaschine liegen noch die Sachen, die du vorgestern Abend aufhängen wolltest. Hier im Wohnzimmer stehen noch die ganzen Gläser und Flaschen von deinem gestrigen Backgammon-Abend mit René, und außerdem sitzt du auf meiner Post."

„Oops. Was hat die denn auf dem Sofa zu suchen?"

„Keine Ahnung. Gestern Abend lag sie noch auf dem Wohnzimmertisch."

„Stimmt, wir brauchten mehr Platz zum Spielen."

„Ich ärgere mich tierisch."

„Das ist nicht zu übersehen."

„Versteh mich doch mal! Ich halte dieses Chaos hier nicht aus!"

„Ist ja schon gut … "

„Ist überhaupt nicht gut! Gut fände ich, wenn dein eigener Sinn für Ästhetik etwas ausgeprägter wäre!"

„Also, Vorwürfe dieser Art ziehen bei mir überhaupt nicht mehr."

„Okay. Wie wär's dann damit: Ich will, daß du dein Zeug nicht mehr in der ganzen Wohnung verteilst!"

„Ich finde, jetzt übertreibst du aber ganz schön. Außerdem klingt das alles nicht besonders gewaltfrei, was du da sagst … Was machst du da?"

„Ich atme."

„Oh, das ist gut."

„So, letzter Versuch: Wenn ich mich in unserer Wohnung umschaue, fühle ich mich extrem unwohl, weil mir Ordnung und Schönheit wichtig sind. Würdest du bitte deine Sachen vom Schlafzimmerboden aufsammeln, die Wäsche aufhängen, die Gläser und Flaschen in die Küche bringen ..."

„Na klar! Wann denn?"

„... und vielleicht auch endlich mal von meiner Post aufstehen? Jetzt sofort?"

Bitte!

Über die Gründe, warum es vielen Menschen so schwer fällt, eine klare Bitte zu äußern, läßt sich nur spekulieren. Ist es die Furcht vor Abhängigkeit, vor Schwäche, etwa ein „Bittsteller" zu sein? Steckt dahinter die Angst vor einer Abfuhr – oder gar der Gedanke, man hätte ohnehin ein „Anrecht" auf das Gewünschte?

Gewaltfreie Kommunikation basiert auf der Annahme, daß hinter all unseren Botschaften letztlich immer ein „Bitte" oder „Danke" steckt. Wir sind bestrebt, unsere Bedürfnisse zu erfüllen, und zu unseren Bedürfnissen zählt ebenso der Wunsch, zum Wohlergehen anderer beizutragen. Das mag vielleicht nach Selbstaufopferung oder Helfersyndrom klingen, hat aber nichts damit zu tun – schließlich handelt es sich um unser eigenes Bedürfnis, das wir erfüllen. In eine Schieflage gerät das Geben erst, wenn sich ein „um zu" darunter mischt: der Wunsch nach Belohnung, die Suche nach Anerkennung; der Versuch, den anderen zu verändern – oder womöglich die Furcht, eine Bitte abzuschlagen. Geben ist ein Bedürfnis. Wird es jedoch als Strategie eingesetzt, bekommt es eine völlig andere Bedeutung.

Um eine echte Bitte auszudrücken – und auch, um sie zu erfüllen – ist ein Bewußtsein über das eigene Ziel, die eigenen Motive erforderlich. Diesen Zugang ermöglichen die wahrgenommenen Gefühle und Bedürfnisse. Und natürlich das Wissen, daß alles im Kontext von Freiwilligkeit geschieht, verbunden mit dem Wunsch nach einer offenen und einfühlsamen Beziehung. – So viel zum Hintergrund. Bei der praktischen Umsetzung gibt es ein paar klassische Stolpersteine, auf die wir hier noch einmal näher eingehen wollen.

Positive Sprache

Die meisten Menschen wissen nur allzu gut, was sie alles *nicht* wollen – und drücken dies auch in ihren Bitten aus. Das kann alle möglichen Konsequenzen haben, wird aber nicht notwendigerweise zur Erfüllung führen. Nehmen wir als Beispiel Julias Aussage: „Ich will, daß du dein Zeug nicht mehr in der ganzen Wohnung verteilst!"

Wie darf Romeo diese Bitte verstehen? Dank Julias Formulierung stehen ihm allerhand Möglichkeiten offen, ihren Wunsch zu „erfüllen": Er könnte sein Zeug demnach lediglich im Wohnzimmer oder auch nur in der Küche oder im Schlafzimmer auf dem Bett verteilen. Sollte jedoch das Verteilen das Problem sein, könnte er auch Türme oder Skulpturen damit bauen, die nicht so viel Grundfläche beanspruchen ...

Der Einsatz von positiver Sprache schafft Klarheit – unmißverständlich.

Tun statt Sein

Niemand kann einen anderen Menschen verändern. Menschen verändern sich selbst. Von daher sind es fromme Wünsche und keine erfüllbaren Bitten, wenn sie sich auf der Seinsebene abspielen. Auch hier geht Julia mit einem problematischen Beispiel voran: „Gut fände ich, wenn dein eigener Sinn für Ästhetik etwas ausgeprägter wäre!"

Von Romeo bereits als Vorwurf identifiziert, ist dieser „Wunsch" ohnehin nicht erfüllbar, weil er keine konkrete Handlung benennt. Und das ist wichtig für eine motivierende Bitte: Was genau kann der andere tun, sichtbar und machbar? Welche Handlung könnte Romeo ausführen, um seinem (oder Julias?) Sinn für Ästhetik Ausdruck zu verleihen?

Die Dinge beim Namen nennen

Ein weiterer Satz von Julia, der zwar als Bitte daherkommt (und durchaus als Forderung gehört werden kann), aber kaum Aussicht auf Erfüllung hat: „Versteh mich doch mal!"

Mit solch einer vagen und abstrakten Formulierung überläßt sie ihren Wunsch seinem Schicksal – oder Romeos Phantasie. Das läuft dann auf „Trial and Error" hinaus, und ebenso gut kann es bedeuten, daß Romeo ihre Bitte nicht erfüllt, weil er der Meinung ist, er verstehe Julia sehr wohl.

Statt „Versteh mich doch mal!" wird eher eine Bitte helfen, die sich konkret auf den Inhalt des Gesprächs bezieht: „Bitte sag mir, was du verstanden hast von dem, was ich bisher gesagt habe."

Hier und Jetzt!

Eine Bitte, die „beim nächsten Mal" oder „in Zukunft" erfüllt werden soll, mag auf Zustimmung des anderen stoßen – aber sie ist zunächst nichts als ein guter Vorsatz. Damit wird das Bedürfnis hinter der Bitte vielleicht getröstet, aber nicht erfüllt. Und wann das nächste Mal ist oder die Zukunft beginnt, ist wiederum eine Frage der individuellen Interpretation.

Bleiben Sie im Hier und Jetzt, was die Erfüllung Ihrer Bitte anbelangt. Das klärt die Situation und schafft Transparenz, weil Sie sehen können, daß der andere Ihre Bitte erfüllt.

Auf den Punkt kommen

Auch das dient der Verständlichkeit Ihrer Bitte: Verzichten Sie auf kunstvoll verbrämte Formulierungen. Meistens steckt dahinter die Hoffnung, eine in verbale Zuckerwatte verpackte Bitte ließe sich leichter erfüllen. Statt Umwege zu nehmen wie „Ich wünsche mir von dir, daß du ... " oder „Ach, würdest du so nett sein und ... ", wählen Sie lieber eine schlichte Aussage: „Bitte tu dieses oder jenes." Es ist der kürzeste Weg zum Ziel.

Auch ohne ein Fragezeichen am Ende kann Ihre Bitte mit Ja oder Nein beantwortet werden. Eine Frage mag vielleicht höflicher klingen – wir empfehlen dennoch, die Bitte als Aussagesatz zu formulieren und damit die volle Verantwortung für den Inhalt zu übernehmen. Mit dem Zusatz „Ist das in Ordnung für dich?" vermitteln Sie dem anderen, daß seine Antwort wichtig ist und Sie keine Forderung ausgesprochen haben.

Ihre Bitte bekommt mehr Gewicht, wenn Sie gleichzeitig das entsprechende Bedürfnis dazu nennen: „Ich bitte dich, die Küche (heute Vormittag) aufzuräumen, weil ich die Übersicht brauche und das Bedürfnis nach Ordnung habe."

Weiterführende Bitten

Neben der Bitte nach einer Handlung, die zur unmittelbaren Erfüllung eines Bedürfnisses beiträgt, gibt es noch eine weitere Art von Bitte, die der Beziehungsklärung dienen soll. Im Verlauf eines Gespräches ist es immer wieder hilfreich, sich Rückmeldung zu holen oder die jeweiligen Gefühle und Bedürfnisse zu aktualisieren. Das kann geschehen in Form einer Bitte wie: „Sag mir bitte, wie es dir damit geht, wenn du das hörst." Oder: „Bitte sag mir ganz offen, was du von meinem Plan hältst."

Manchmal kann es sinnvoll sein, um eine Wiedergabe zu bitten. Wenn Sie den Eindruck haben, daß Sie aneinander vorbeireden, können Sie den anderen bitten, das wiederzugeben, was er von Ihnen gehört hat, anstatt zum fünften Mal Ihre eigenen Thesen zu wiederholen. Und damit bei Ihrem Partner nicht der Eindruck einer Prüfungssituation entsteht, in der seine Gedächtnisleistung getestet wird, empfiehlt es sich in jedem Fall, vorher den Zweck Ihrer Bitte mitzuteilen.

In eigener Sache

Sicher ist Ihnen schon längst aufgefallen, daß Romeo und Julia in der Kunst der Gewaltfreien Kommunikation beträchtliche Fortschritte machen. Zwar hat Julia im Verlauf dieses Dialogs erst einmal sämtliche „Don'ts" ausgesprochen, konnte jedoch am Ende alle vier Schritte mit Eleganz und großer Klarheit durchführen. Eine Erwähnung wert ist auch ihre Entscheidung, eine kurze Atempause einzulegen, statt auf Romeos Kritik zu reagieren: Kleinere oder größere Auszeiten haben immer eine deeskalierende Wirkung.

Allerdings ist das Gespräch zwischen den beiden noch nicht beendet. Die nächste Herausforderung wartet schon: Wird Romeo Julias Bitte erfüllen – oder nicht? Der Antwort auf diese Frage haben wir ein weiteres Kapitel zum Thema „Bitten“ gewidmet, das nicht nur in Beziehungen eine wichtige Rolle spielt.

Noch ein kurzes Wort zum Thema „Wir lernen gewaltfrei kommunizieren“: Gerade am Anfang ist die Tendenz zum gegenseitigen Belehren groß. Wenn Sie erst einmal in diese Sprachwelt eingestiegen sind, werden Sie bei allen möglichen Gelegenheiten moralische Urteile entdecken, Vorwürfe und Schuldzuweisungen, Diagnosen und Bewertungen. Und weil Sie inzwischen die negativen Auswirkungen dieser Art zu sprechen kennen, ist es verständlich, wenn Sie anderen Menschen diese Erkenntnisse gern weiter vermitteln möchten. Bedenken Sie nur bitte: Im Ausruf „Das war aber jetzt ein moralisches Urteil!“ schwingt eine Menge moralisches Urteil mit. Und eine Diagnose zu diagnostizieren ... ist eine Diagnose.

Wenn Sie gemeinsam mit Ihrem Partner Gewaltfreie Kommunikation lernen, können kleine, liebevolle Erinnerungen manchmal hilfreich sein, besonders wenn sie humorvoll eingesetzt werden („Ich höre nur Wolfsgeheul. Könntest du das bitte noch einmal in Giraffensprache sagen?“). Lassen Sie Ihrer Kreativität freien Lauf, was die gegenseitige Unterstützung in der Praxis betrifft – aber bleiben Sie wachsam gegenüber dem Impuls zur Besserwisserei oder Zurechtweisung.

Ganz besonders im Austausch mit Menschen, die Gewaltfreie Kommunikation nicht kennen, ist es in einer problematischen Situation weitaus sinnvoller, sie anzuwenden, statt sie zu dozieren. Die Einfühlung in die Gefühle und Bedürfnisse Ihres Gesprächspartners wird einen tieferen Prozeß bei Ihnen beiden in Gang setzen als jede Form von „Aufklärungsarbeit“. Ihre Begeisterung für diese neue Sprache können Sie ihm dann bei einer passenderen Gelegenheit ausführlicher mitteilen ...

9. »Nein. Jetzt nicht.«
Die Kunst des Bittens II

Stopp

„Hier ist deine Post. Vorgewärmt! Bezog sich eigentlich dein ‚sofort' auch auf die anderen Sachen?"

„Ja, unbedingt."

„Dann werde ich dir deine Bitte jetzt nicht erfüllen. Ich möchte in Ruhe meine Zeitung zu Ende lesen, und danach wollte ich meine Eltern anrufen. Ich werde mich aber auf jeden Fall heute noch darum kümmern ..."

„Aber hier sieht's aus wie Sau ... "

„Wenn du es nicht ertragen kannst, daß hier ein paar Sachen rumliegen, dann mußt du sie halt selber wegräumen."

„Das ist nicht fair! Ich habe dich gebeten, deinen eigenen Mist zu entsorgen, nicht etwa meinen ... "

„Und ich sage ja, ich mach's, aber nicht jetzt."

„Das sagst du nur, um mich zu provozieren!"

„Nein, das ist überhaupt nicht meine Absicht. Ich möchte einfach nur meine Zeitung weiter lesen, das ist alles."

„Du willst mir bloß zeigen, daß du der Stärkere bist, was?"

„Ich habe eher den Eindruck, daß du das gerade versuchst."

„Aber warum ... Wohin gehst du?"

„Ich bin in ein, zwei Stunden wieder da."

„Wieso haust du einfach ab?"

„Weil ich sonst Sachen sage, die mir hinterher leid tun werden."

„Bitte bleib hier. Ich möchte das mit dir klären."

„Tut mir leid, meine Liebe. Auch diesmal lautet meine Antwort: Nein. Jetzt nicht."

Mit einem Nein umgehen

Kaum etwas eignet sich so gut für die eigene innere Standortbestimmung wie ein unerwartetes Nein als Antwort auf eine Bitte. Denn jetzt heißt es, die Karten auf den Tisch zu legen: War es eine Forderung oder ein Bitte, die Sie da gestellt haben? Forderungen erwecken beim anderen den Eindruck, er müsse sich unterwerfen – oder Widerstand leisten. Ein Bitte schließt immer zwei Antwortmöglichkeiten ein; sie läßt dem anderen die Wahl, und Sie als Bittender können sich darauf verlassen, daß Ihre Bitte im Falle einer positiven Antwort freiwillig und von Herzen erfüllt wird.

Wenn ein Nein als Antwort zunächst einmal Abwehr oder Empörung in Ihnen hervorruft, können Sie davon ausgehen, daß Sie zuvor eine Forderung ausgesprochen haben, ohne daß es Ihnen wirklich bewußt war. Danach lohnt es sich, einen tieferen Blick in den Gefühlscocktail zu werfen, den die vermeintliche Abfuhr bei Ihnen ausgelöst hat: Ganz oben schwimmen vielleicht Ärger oder der Eindruck, abgewiesen worden zu sein, aber was befindet sich dahinter?

Ihre Reaktion auf ein Nein ist beinahe so etwas wie ein kleiner Zwischencheck, wie es um Ihre Bereitschaft steht, gewaltfrei zu kommunizieren. Jetzt haben Sie sich schon die ganze Mühe gemacht, mittels der vier Schritte Ihre Gefühle, Bedürfnisse und Ihre Bitte zu artikulieren – und dann so etwas? Wenn Sie das Nein als Zurückweisung hören und dementsprechend darauf reagieren, sind Sie auf dem besten Wege, wieder in ein altes Verhaltensmuster zurückzukehren, das der Erfüllung Ihrer Bedürfnisse nicht dient. Besser wäre es, sich vor Augen zu führen, daß ein Nein nichts anderes ist als ein auf vier Buchstaben reduzierter Ausdruck der Gefühle und Bedürfnisse Ihres Gegenübers.

Was für Gründe können dahinter stecken? Zum einen natürlich der, daß die Erfüllung Ihrer Bitte an einen Zeitpunkt gekoppelt ist, der dem anderen nicht paßt. Oder war Ihre Bitte tatsächlich eine Forderung – oder konnte als solche interpretiert werden? Ein weiterer Grund kann darin liegen, daß Ihr Partner ein eigenes Bedürfnis hat, dessen Erfüllung für ihn vorrangig ist. Würde er es verleugnen und stattdessen Ihres erfüllen, wäre das ein äußerst fragwürdiges „Geschenk" und hätte nichts mehr mit Freiwilligkeit zu tun.

Um in solch einer Situation Klarheit schaffen zu können, brauchen Sie neben dem Bewußtmachen Ihrer eigenen Gefühle und Bedürfnisse vor allem Einfühlung für den anderen. Wie so etwas aussehen kann, werden wir jetzt von unserem Liebespaar erfahren.

Und was steckt dahinter?

Romeo ist inzwischen wieder heimgekehrt. Womit auch immer er sich die Stunde vertrieben hat – es sieht aus, als hätte ihm seine Auszeit gut getan. Julia hingegen wirkt bestürzt. Ein guter Moment, um beide zu fragen, wie es ihnen gerade geht.

ROMEO: „Mir geht's prima! Ich habe erstmal im Park einen Baum angebrüllt und damit ein paar Sonntagsspaziergänger erschreckt, aber jetzt fühle ich mich entspannt und gelassen. Eigentlich wollte ich gerade die Wäsche aufhängen ... "

JULIA: „Ich bin noch ziemlich durcheinander. Ich glaube immer, ich würde abgewiesen, wenn ich ein Nein bekomme! In diesem Fall war es besonders schwer, weil ich dachte, daß meine Bitte *gerechtfertigt* sei ... " Hoppla – gerechtfertigt? Dieser Ausdruck weist auf ein moralisches Urteil hin. Wer die Erfüllung seines Bedürfnisses damit „absichern" will, spricht mit größter Wahrscheinlichkeit eine Forderung aus – und wird Widerstand ernten.

Gehen wir noch einmal zu dem Punkt zurück, an dem Romeo Julia eine Absage erteilte. Wie hätte Julia auf seine Antwort noch reagieren können? Wir bitten sie, zunächst ihre eigenen Gefühle und Bedürfnisse auszudrücken, die sie in diesem Augenblick hatte, bevor sie nach Romeos fragt.

„Ich möchte in Ruhe meine Zeitung zu Ende lesen, und danach wollte ich meine Eltern anrufen. Ich mach's aber heute noch, okay?"

JULIA: „Als ich dich das sagen hörte, fühlte ich mich verzweifelt, weil ich ja wußte, wie ich die Ordnung, die ich brauche, bekommen konnte. Ist meine Bitte bei dir als Forderung angekommen?"

ROMEO: „Na und ob! Zumindest in dem Moment, als du ‚sofort' gesagt hast. Da stieg gleich Widerwillen in mir auf, weil das ganz klar gegen mein Bedürfnis nach Selbstbestimmung ging."

JULIA: „Für mich sah das plötzlich aus wie ein Machtkampf ... "

ROMEO: „Ja, weil ab da nur noch der Zeitpunkt das Thema war! Und über den möchte ich frei entscheiden können."

JULIA: „Das kann ich verstehen. Darf ich dich noch etwas fragen? Ich habe eben einen Schreck bekommen, als mir klar wurde, daß es mir nicht nur um mein Bedürfnis nach Ordnung ging ... Ich dachte vorhin nämlich auch, ich sei moralisch im Recht, wenn ich so was von dir verlange. Wie hast du das erlebt?"

ROMEO: „Ich bin froh, daß du das ansprichst. Ja, genauso ist es bei mir angekommen: Mama schimpft ihren kleinen Jungen aus, der sich wieder mal danebenbenommen hat. Du hast dein Bedürfnis so dargestellt, als sei es wichtiger als meines ... Natürlich weiß ich, daß du großen Wert auf eine schöne Umgebung legst. Ich hab ja selber was davon, wenn ich dich dabei unterstütze! Aber wenn ich diesen Unterton von ‚du sollst' höre, verliere ich sofort jegliche Lust dazu."

JULIA: „Ja, das sehe ich ein. Wenn du mir das so erklärst ... "

ROMEO: „... fühlst du dich bestimmt ganz euphorisch ... "

JULIA: „... weil mein Bedürfnis nach einem friedlichen Sonntagnachmittag ... "

ROMEO: „... praktisch so gut wie erfüllt ist. Darf ich bitte vorher noch unsere Wohnung ein wenig verschönern?"

„Nein" in Beziehungen

Sie haben zu Beginn Ihrer Liebesbeziehung auf die eine oder andere Weise Ja zu Ihrem Partner oder Ihrer Partnerin gesagt – aber heißt das etwa, daß ein Nein das Ende Ihrer Beziehung bedeuten würde? Ganz im Gegenteil! Wie harmonisch auch immer Sie Ihr Zusammensein gestalten: Es wird immer wieder Situationen geben, in denen Sie unterschiedliche Gefühle und Bedürfnisse haben oder Ihre Strategien voneinander abweichen.

Eine Definition von Liebe könnte so lauten: Liebe ist die Freiheit, auf eine Bitte mit Ja oder Nein antworten zu können, ohne daß es irgendeine Bedeutung für die Liebe selbst hätte. Oder anders gesagt: Wer genau weiß, daß hinter einem Nein auf eine Bitte das grundsätzliche Ja zur Beziehung bestehen bleibt, kann ebenso souverän mit einer negativen Antwort umgehen, wie er in der Lage ist, selbst einmal Nein zu sagen.

Noch ein Wort zur Kunst des Neinsagens: Es hilft Ihrem Partner – und letztlich Ihnen selbst –, wenn Sie statt „Nee, keine Lust" oder „Nein, das möchte ich jetzt nicht" Ihre Antwort in den vier Schritten ausdrücken – und dem anderen damit auch Ihre Einfühlung vermitteln. Romeos Antwort hätte zum Beispiel so aussehen können: „Ich weiß, du möchtest, daß ich jetzt sofort aufräume, weil dir Ordnung und Wohlfühlen wichtig sind." **(Romeo stellt die Verbindung zu Julia her, indem er Verständnis für ihre Bedürfnisse zeigt.)** „Ich sitze gerade hier und lese Zeitung und möchte danach noch ein paar andere Dinge erledigen – und bei dem Gedanken, gleich aufzuspringen, fühle ich mich nicht wohl, weil ich gern selbst entscheiden möchte, wann ich hier Ordnung mache. Deine Bitte ist mir aber auch wichtig. Gibst du mir noch ein bißchen Zeit, sie zu erfüllen?"

10. »Wie fühlst du dich?«

Über Empathie

Lammfilet

„Fällt dir noch irgendwas ein, was wir für's Wochenende brauchen? Ich wollte gleich los zum Markt ... “

„Nein.“

„Hast du daran gedacht, daß du heute Abend für uns kochen wolltest?“

„Kauf halt irgendwas.“

„Was meinst du denn damit?“

„Was ich damit meine? Daß du mich mit diesem Blödsinn in Ruhe lassen sollst! Denk dir doch mal selbst was aus!“

„Oh.“

„Sonst noch was?“

„Du hörst dich an, als wärest du ziemlich genervt.“

„Kann man wohl sagen.“

„Oder frustriert ... “

„Bingo.“

„Erzähl doch mal, was los ist.“

„Ich könnte an die Decke gehen! Gerade habe ich eine eMail von einem Kunden bekommen, und es sieht so aus, als sei das mit dem Auftrag gelaufen.“

„Machst du dir jetzt Sorgen, daß deine Firma in Schwierigkeiten ist?“

„Nee, so schlimm ist das auch wieder nicht. Aber ich glaube, dieser Typ hat sowieso nie vorgehabt, mir diesen Auftrag zu geben.“

„Und jetzt bist du deprimiert, weil du davon ausgegangen bist, daß er ehrlich mit dir war?“

„Das auch. Und daß ich einen Haufen Zeit sinnlos verschwendet habe. Aber was mich genauso ärgert, ist, daß ich es vorher hätte merken können. Ich habe nur auf das Geld geschaut und gar nicht mitgekriegt, was für ein windiger Kerl das ist.“

„Das verstehe ich nicht. Heißt das, du ärgerst dich, weil du versucht hast, einen lukrativen Auftrag zu bekommen?“

„Na ja. Hmm ... Das nun nicht."

„Oder bist du verzweifelt, weil du nicht hellsehen kannst?"

„Tja ... Stimmt, ich war gerade auf dem besten Weg, mich auch noch selbst dafür in die Pfanne zu hauen. Danke für die Erinnerung! Und überhaupt – danke, daß du dich da nicht hast von mir reinziehen lassen."

„Angenommen! Du sagtest übrigens gerade was von ‚in die Pfanne hauen' ... "

„Ich wette, das hat einen Wunsch in dir geweckt und dich auf ein Bedürfnis aufmerksam gemacht, was? Laß' mich raten – wie wär's mit einer Strategie namens Lammfilet à Romeo?"

„Das klingt wunderbar. Hättest du Lust, mit mir auf den Markt zu gehen?"

Was ist Einfühlung?

Empathie – oder Einfühlung – ist das teilnehmende, wertfreie Beobachten und Nachvollziehen der Gefühle eines anderen Menschen. Anders als beim Mitleid gehört keine persönliche Betroffenheit dazu – ganz im Gegenteil: Erst durch das Bewußtsein, daß es um die Gefühle des anderen geht und eben nicht um die eigenen, wird echte Einfühlung überhaupt erst möglich. Diese Unterscheidung ist in Konfliktsituationen von großer Bedeutung, in denen Sie mit „verunglückten" Bitten konfrontiert werden. In unserem Beispiel reagiert Julia auf Romeos Attacke nicht mit einem Gegenangriff, schlägt aber auch keinen tröstenden Kuschelkurs ein. Stattdessen bleibt sie mit ihren einfühlenden Fragen liebevoll und neutral. Das ist ein weiterer wichtiger Aspekt: Bei der Einfühlung geht es nicht darum, eine Lösung für das Problem zu finden, sondern um den Prozeß der Begegnung mit dem, was im anderen lebendig ist. Selbst wenn für Sie als Außenstehender eine „Lösung" auf der Hand zu liegen scheint – stellen Sie lieber Fragen nach Gefühlen, Bedürfnissen und Bitten, statt Antworten zu geben. Die vier Schritte der Gewaltfreien Kommunikation gehören ebenso zur Einfühlung in andere wie zur Selbsteinfühlung.

Auch wenn es widersprüchlich klingt: Manchmal ist es gerade in einer Beziehung nicht einfach, empathisch aufzunehmen – weil die erforderliche emotionale Distanz schwer herzustellen ist. Einen geliebten Menschen leiden zu sehen, ohne etwas „dagegen zu tun", sondern einfach nur präsent zu sein, ist für viele ein ganz neuer, ungewohnter Weg.

Einfühlung in andere heißt, einfach da zu sein – und das kann ebenso gut ohne Worte geschehen. Manchmal reicht es völlig aus, wenn Sie durch Ihr Dasein, Ihre Haltung und Ihre Körpersprache dem anderen signalisieren: Ich bin bei dir.

Drei Bedingungen für Empathie

Absicht

Es gibt nur eine einzige gute Absicht, wenn Sie einem anderen Menschen Einfühlung geben, und die bezieht sich auf Ihr eigenes Wohlergehen und nicht etwa auf das des anderen. Lassen Sie sich also nur von Ihrem Bedürfnis nach Verbindung leiten – zu Ihrem eigenen Nutzen. Auf diese Weise gibt es keinen Helfer und keinen Hilfebedürftigen mehr, und auch die Frage, wer der Empfangende und wer der Gebende ist, spielt keinerlei Rolle.

Präsenz

Präsenz bedeutet, in der Gegenwart und ganz mit dem anderen zu sein – ohne eigene Gedanken, Ideen oder Interpretationen zu spüren, welche Gefühle vom Gegenüber kommen. Für Liebespaare heißt das: Vergessen Sie, was Sie über die Gefühle Ihres Partners zu wissen glauben. Am besten, Sie stellen sich vor, diesem Menschen zum ersten Mal zu begegnen, wenn Sie sich in ihn einfühlen – eine besondere Herausforderung in einer Beziehung, aber eine lohnende: Sie werden vermutlich lauter neue Facetten voneinander kennen lernen.

Ausrichtung

Wichtig ist ebenfalls, daß Sie innerlich ausgerichtet bleiben auf das, was der andere fühlt und braucht: Was ist jetzt, genau in diesem Moment, in ihm lebendig? Nicht der Inhalt der Geschichten, die der andere Ihnen vielleicht erzählt, sondern immer wieder seine Gefühle und Bedürfnisse stehen im Zentrum Ihrer Aufmerksamkeit.

Die Grenzen der Empathie

Es gibt Situationen, in denen es nicht möglich ist, einem anderen Einfühlung zu geben: zum Beispiel, wenn Sie feststellen, daß Sie emotional zu sehr involviert sind, um sich ganz auf Ihren Partner einlassen zu können. Sind Sie selber ärgerlich oder verletzt, ist das ein guter Zeitpunkt für eine Selbsteinfühlung – so können Sie erst einmal herausfinden, welche Gefühle und Bedürfnisse sich hinter Ihrem eigenen Ärger oder Ihrer Verletztheit verbergen. Selbsteinfühlung hat nichts mit Selbstmitleid zu tun: Wer sich bedauert, bewertet seine Situation und übernimmt die Rolle des Opfers. Selbsteinfühlung heißt, im inneren Dialog verschiedene Gefühle „durchzuspielen“ und darauf zu achten, wo eine Art Resonanz entsteht: Fühle ich mich traurig, frustriert, einsam oder hilflos? Steckt dahinter ein unerfülltes Bedürfnis nach Anerkennung, Liebe, Frieden oder Autonomie?

Für den Kontakt mit Ihrem Partner heißt das: Wenn Sie – aus welchem Grund auch immer – im Augenblick keine Empathie geben können, dann schenken Sie dem anderen Ihre Aufrichtigkeit. Sie ist in dieser Situation weitaus wertvoller als jeder Versuch, es doch noch „hinzukriegen". Vergessen Sie nicht: Es geht immer um Sie und Ihr Bedürfnis, sich in den anderen einzufühlen!

Gut gefragt

Die drei entscheidenden Voraussetzungen für Empathie finden in aller Stille statt – und so kann es auch bleiben. Allerdings wird es auch Situationen geben, in denen Sie Ihre Einfühlung mit Worten ausdrücken wollen, weil Ihnen eine weitere Klärung notwendig erscheint. In unserem Beispiel hat Julia richtig erkannt, daß Romeos Anschnauzer nichts mit ihr oder ihrem Anliegen zu tun haben, sondern daß etwas anderes dahinter steckt. Also beginnt sie, Fragen nach seinen Gefühlen zu stellen.

Empathisches Nachfragen kann zuweilen bedeuten, daß Sie raten müssen. Haben Sie keine Angst davor, womöglich völlig danebenzuliegen – Ihr Partner wird es Ihnen schon sagen. Wichtig ist, daß Sie ihm keine Mutmaßungen unterjubeln („Du fühlst dich jetzt ganz durcheinander, was?"), sondern wirkliche Fragen stellen. Es geht nicht darum, möglichst schnell einen Volltreffer zu landen, sondern sich im gemeinsamen Prozeß den Gefühlen und Bedürfnissen anzunähern.

Und noch etwas: Vermeiden Sie Warum-Fragen. Ein Warum entlockt dem anderen Geschichten und Begründungen, aber bestimmt keine Gefühle und Bedürfnisse. Falls Sie am Ende Ihres Lateins angekommen sind und immer noch kein Ja auf Ihre Fragen erhalten haben, können Sie auch eine Bitte äußern: „Jetzt bin ich ins Schwimmen gekommen. Kannst du mir bitte sagen, was deine Gefühle und Bedürfnisse sind?"

Sympathie oder Empathie?

Wenn Sie auf eine Aussage Ihres Partners mit „Oh, das Gefühl kenne ich gut" oder „Genauso ging's mir letzte Woche auch" antworten und damit womöglich zu einer längeren Geschichte ausholen, mag das für den anderen vielleicht tröstlich sein – Sie geben ihm dann allerdings keine Empathie, sondern Sympathie. In diesem Moment sind Sie nämlich wieder bei sich selbst und Ihren eigenen Gefühlen gelandet. Und um die geht es nicht – jedenfalls nicht jetzt.

Ähnlich verhält es sich, wenn Sie sich beim anderen entschuldigen, weil z.B. Ihr Verhalten ihn gestört hat: Auch damit liegt wieder der Fokus auf Ihnen selbst. Indem Sie Einfühlung geben, vermitteln Sie dem anderen viel deutlicher, daß Sie ihn und seine Gefühle wertschätzen, als eine Entschuldigung es vermöchte. Wir benutzen diese Formulierung häufig, aber sind wir uns auch dessen bewußt, daß wir damit – im Sinne des Wortes ent-schuldigen – die Verantwortung für unser Handeln an den anderen abgeben?

Ausfühlung

Manchmal wird es so aussehen, als hätten Sie eine Lawine ausgelöst, wenn Sie beginnen, einfühlende Fragen zu stellen. Der Anlaß war nur die Spitze des Eisbergs, und eine Menge alter Geschichten kommen zum Vorschein. Bleiben Sie so lange dabei, wie es *Ihrem* Bedürfnis entspricht! Wenn Sie merken, daß Sie an die Grenzen Ihrer Aufnahmefähigkeit gekommen sind, sagen Sie das Ihrem Partner – und nehmen Sie sich eine Auszeit.

Es kann aber auch anders herum laufen: Ein Konflikt, der sich bedrohlich am Horizont zusammenbraute, kann durch einfühlende Fragen schnell geklärt werden. Dabei muß nicht unbedingt eine Lösung für das Problem gefunden worden sein. Wer seine Gefühle und Bedürfnisse erkennt, ist bald wieder dort, wo das Leben ist. Das kann sich auf vielerlei Art ausdrücken – durch einen Stimmungswechsel, eine entspannte Körperhaltung oder eine spontane Geste, die nichts mehr mit dem vorherigen Thema zu tun hat.

Auch Romeo ist in unserem Beispiel dank Julias Einfühlung schnell bei seinen Gefühlen und Bedürfnissen angekommen. Mag sein, daß er in einem Konflikt, in dem ihr Verhalten – und nicht das seines Kunden – der Auslöser gewesen wäre, gern noch eine Bitte an Julia gerichtet hätte. Mag sein, daß die beiden am Abend (nach dem Lammfilet à Romeo) Romeos Geschichte mit seinem abspenstigen Auftraggeber noch einmal durchgehen wollen und dabei entdecken, daß der noch gar nicht abgesprungen ist, sondern seinerseits der Einfühlung bedarf. Mag aber auch sein, daß dieser Abend ausschließlich einem Bedürfnis gewidmet ist, das ihre gegenseitige Liebe und Wertschätzung ausdrückt: feiern!

Fest steht, daß wir die zwei an dieser Stelle frohgemut und optimistisch wieder sich selbst überlassen können und ihnen bei ihren alltäglichen Auseinandersetzungen nicht mehr über die Schulter schauen werden. Danke für ihre Kreativität und ihren Einfallsreichtum, was festgefahrene Situationen betrifft – und danke für ihren Mut und ihr Engagement beim Erlernen einer Fremdsprache namens Gewaltfreier Kommunikation!

11. »Am Anfang war es noch eine Vision, aber dann ...«

Ein Interview mit Klaus-Dieter Gens und Katarina Schmidt

Reality Check

Das Gute an einem Liebespaar wie Romeo und Julia ist, daß man sie in Geschichten hineinschreiben und wieder aus ihnen entlassen kann. Sie sprechen genau die Worte, die man ihnen in den Mund legt, sie tragen Konflikte aus, die der Dramaturgie des Buches entsprechen, und sie entwickeln sich in dem Maße weiter, wie die Methode es ihnen ermöglicht – und es den Autoren gefällt. Dennoch gab es bei der Zusammenarbeit mit Romeo und Julia auch immer wieder Überraschungen. Manchmal waren es die Dialoge, die plötzlich eine ganz andere Dynamik entwickelten, als eigentlich vorgesehen war. Und ab und zu, wenn es um die wichtigen Botschaften in ihrer Kommunikation ging, tauchten bei ihnen völlig unerwartet Gefühle und Bedürfnisse auf, die ursprünglich gar nicht eingeplant waren. Wie im richtigen Leben. Aber eben nur fast.

Im richtigen Leben sind Paare, die sich bewußt für Gewaltfreie Kommunikation als ihre gemeinsame Sprache – und als ihr Lebensmodell – entschieden haben, noch eine Ausnahme. Viele haben damit angefangen (und natürlich sind wir davon überzeugt, daß es immer mehr werden), aber nur wenige können bisher auf einen längeren, gemeinsam verbrachten Zeitraum zurückschauen und aus der eigenen Erfahrung heraus sagen: Ja, es funktioniert wirklich.

Wir hätten da jemanden. Oder vielmehr: ich. Denn an dieser Stelle teilt sich das Autorenduo vorübergehend in einen, der Gewaltfreie Kommunikation nicht nur lehrt, sondern seit einigen Jahren mit seiner Partnerin lebt – und eine, die darüber berichtet und das Paar dazu befragt.

Klaus-Dieter Gens und Katarina Schmidt sind Trainer für Gewaltfreie Kommunikation und leiten gemeinsam das gleichnamige Zentrum in Berlin. Klaus-Dieter, ausgebildeter Sozialpädagoge, Supervisor und NLP-Trainer, begegnete 1996 Marshall Rosenberg – und engagiert sich seitdem für Gewaltfreie Kommunikation: als Trainer, als Vereinsvorsitzender, als Vertreiber für Bücher und Lehrmaterial. Seine Vision heißt „gewaltfrei leben", und genauso nennt er seine Ferienworkshops, die er alljährlich auf Malta und in Andalusien anbietet. Im Jahr 2000 fand auf Malta der erste statt – mit Katarina als Teilnehmerin. Seitdem sind sie ein Paar: Katarina, Mutter zweier Töchter, Organisationstalent, mittlerweile selbst Trainerin und das Herz des Berliner Vereins, und Klaus-Dieter, der Kommunikationsexperte – eine Verbindung nicht nur auf privater, sondern auch auf beruflicher Ebene. Das Gespräch mit ihnen fand im Juli 2004 statt.

Konfliktpotential

Kehren wir zu Beginn noch einmal kurz zurück in die Zeit vor eurem Zusammensein: Was für typische Konflikte gab es in euren vorherigen Beziehungen mit euren früheren Partnern?

Katarina: Es gab viele Erwartungshaltungen auf beiden Seiten, die aber nie wirklich ausgesprochen wurden, und die sich dann symptomatisch in Konflikten äußerten. Aus heutiger Sicht ist mir das ganz klar, aber damals wußte ich nicht, was ich brauche – und daß ich's auch noch sagen kann ... Früher lief das dann übers Meckern oder Sticheln.

Klaus-Dieter: Bei mir war es zum einen so, daß ich wie die meisten Paare in dem Irrtum lebte, der andere sei Schuld. Wenn ich unzufrieden war, gab es schnell Analysen: Was ist mit der nicht in Ordnung, warum macht die das so ... Und das zweite war auch ein Muster, das viele Paare haben: Ich habe – vielleicht aus einem Harmoniewunsch heraus – bestimmte Dinge nicht geäußert oder getan, aber sie dann meiner Partnerin angekreidet: Du siehst ja gar nicht, was los ist, du nimmst mich nicht wahr ...
Eigentlich habe ich in meinen Beziehungen nicht gut genug für mich gesorgt. Und nicht immer ausgepackt, was gerade los war, so daß Raum für Unklarheit blieb. Das ist heute ganz anders: Ich rede viel mehr von mir und drücke die Dinge, die mir wichtig sind, die mich betreffen oder bedrücken, auch aus. Da war ich früher eher verschlossen, und das hat den Frauen Schwierigkeiten bereitet – daß sie nie so genau wußten, was mit mir los war.

Katarina: Und irgendwas interpretiert haben ...

Klaus-Dieter: ... und anfingen, zu deuten! Und Schuld spielte immer eine große Rolle.

Katarina: Ich dachte immer: Wenn der sich bloß ändert, dann wird es mir endlich besser gehen.

Klaus-Dieter: Ja, was in früheren Beziehungen eine große Rolle spielte, war der Wunsch, die Frau zu verändern – und sie wollte mich verändern. Das typische Bild: Man lernt sich kennen, stellt fest, daß ein paar Dinge doch nicht so sind, wie man's gerne hätte, und fängt an, an dem anderen rumzuschrauben. In meiner letzten Beziehung gab es viele Konflikte, weil wir Streßsituationen nicht in Frieden auflösen konnten, obwohl ich schon die Gewaltfreie Kommunikation kannte. Heute würde ich mich auf manche dieser Situationen gar nicht erst einlassen.

Was waren denn am Anfang eurer Beziehung die größten Hürden – oder die größten Herausforderungen für euch?

Katarina: Hürden oder Herausforderungen am Anfang? Bei mir wurden so viele Bedürfnisse erfüllt, wie ich es mir gar nicht hätte träumen lassen. Das weckte natürlich Visionen in mir – wow, so kann das Leben sein! Ich war einfach nur glücklich ... Na ja, und dann haben wir uns in die Arbeit gestürzt, ich habe angefangen, im Verein ehrenamtlich mitzuarbeiten, und Klaus-Dieter war oft weg, unsere Gespräche wurden seltener, und da merkte ich, daß ich anfing, die alten Muster zu fahren: Der muß doch mit mir reden! Ich habe unsere Gespräche so sehr vermißt ...

„Alte Muster" waren, daß du nicht für dich gesorgt hast ...

Katarina: ... sondern ihm die Schuld gab. Es dauerte eine Weile, bis mir klar wurde: Ja, ich brauche diese Gespräche. Für mich zu sorgen hieß zu sagen, komm, setz dich mit mir hin ... Bitte rede mit mir! Das war schon schwierig für mich, diese andere Umgehensweise – loszugehen und für mich zu sorgen und nicht dem anderen Schuld anzuhängen und zu sagen: Du machst ja nie und du hast ja nicht ...

Klaus-Dieter: Wir hatten beide von Anfang an dieses starke Bedürfnis nach Nähe und Zugehörigkeit – das hat, glaube ich, manches gar nicht erst schlimm werden lassen, weil die Gemeinsamkeit im Vordergrund stand.
Aber eine der größten Hürden war für mich am Anfang, mit deinen Weltbildern konfrontiert zu sein – wo ich doch selber so geniale hatte! Ich habe manchmal damit gehadert, daß du bestimmte Dinge so völlig anders siehst – und konnte gar nicht verstehen, warum. Ich hatte vorher ein Jahr allein gelebt, und eigentlich hatte ich beschlossen, mich nie wieder auf eine Frau einzulassen – bevor ich mir den Streß antue, bleibe ich lieber allein ... Diesmal war für mich klar: Wenn wir es zusammen versuchen, dann würden Dinge wie Respekt, Achtung und Wertschätzung an allererster Stelle stehen. Und so war es für mich eine große Herausforderung, Respekt zu üben – vor deiner Andersartigkeit, deinen Eigenarten ... Und das ist nach und nach immer besser gelungen. Respekt bedeutet nicht immer Zustimmung, aber es heißt Akzeptanz: Ja, das ist für Katarina so, das ist ihre Biographie, das ist ihre Haltung ... Hinzu kamen noch Grundannahmen aus dem NLP*: daß es kein „richtig" und „falsch" gibt, daß nicht einer mit seinem Weltbild Recht haben kann, daß Weltbilder nebeneinander existieren können, daß man sogar aus der Andersartigkeit einen Gewinn schöpfen kann. Einfach den anderen anzuschauen und zu sagen, Mensch, warum macht die das so, und was ist ihr daran wichtig? Ich empfand es als Bereicherung – wir sind ja auch eine Ost-West-Beziehung, was auch am Anfang eine größere Rolle spielte. Unsere Gewohnheiten und Erfahrungen waren sehr unterschiedlich.

* NLP (Neurolinguistisches Programmieren) – ein Kommunikations- und Verhaltensmodell, das die Muster („Programmierung") untersucht, die durch die Interaktion zwischen Gehirn („neuro") und Sprache („linguistisch") entstehen. Als Grundlagenwerk zum Thema NLP gilt z.B.: Alexa Mohl: *Der Zauberlehrling. Das NLP Lern- und Übungsbuch*. Paderborn: Junfermann, 8. Aufl. 2003.

Eine bewußte Entscheidung

Katarina: Viele von deinen Weltbildern fand ich so spannend und schön, daß ich gerne bereit gewesen wäre, sie zu übernehmen – wenn es denn so einfach gewesen wäre! Ich kann mich erinnern, daß du am Anfang oft gesagt hast, du könntest jetzt ganz viel von dem ausprobieren, was schon als Theorie in deinem Kopf war: Was heißt das, gute Absicht zu unterstellen? Was heißt das, Respekt zu üben?

Klaus-Dieter: Das kriegte im Privaten noch mal eine neue Bedeutung. In Seminaren und Beratungsgesprächen war es immer schon da gewesen – aber da gab es ja auch die professionelle Distanz: Bei Menschen, die ich nicht besonders gut kenne, fällt es mir viel leichter, ihnen eine gute Absicht zu unterstellen. Und ja, es stimmt – ich habe die Beziehung zu dir und auch die Beziehung zu den Kindern als eine Chance gesehen, unter ganz anderen Gesichtspunkten neu anzufangen. Ich meine unsere Entscheidung, daß unsere Beziehung auf der Gewaltfreien Kommunikation fußt.

Das war eine ausgesprochene Entscheidung?

Klaus-Dieter: Eine ausgesprochene Entscheidung – wie eine Vereinbarung. Und immer, wenn's klemmt, besinnen wir uns auf die Gewaltfreie Kommunikation. Das ist die Basis. Ich glaube, ich hätte es sonst auch nicht gemacht, weil ich keinen Bock hatte, noch eine Beziehung zu erleben, in der ich leide.

Du hättest keine Beziehung mit jemandem gewollt, der sich nicht darauf eingelassen hätte?

Klaus-Dieter: Das war ein wesentliches Kriterium für mich, und ich denke, auch für uns beide, zu sagen: Ja, das ist unsere Basis. Es ist unser Wunsch, Gewaltfreie Kommunikation tatsächlich ganz praktisch zu leben – und nicht nur zu kennen und weiterzugeben.

Gibt es bei euch so etwas wie ein bestimmtes Thema, das immer wieder auftaucht?

Katarina: Es gibt ein paar Themen, aber die sind nicht so heiß, daß sie immer hochkochen würden ... Wir haben unterschiedliche Systeme beim Thema Ordnung – aber gerade da üben wir uns sehr im gegenseitigen Respekt. Mir ist auch klargeworden: Wenn ich es ordentlich haben will, dann mache ich das für mich. Ich genieße die Schönheit, und ihm ist das nicht so wichtig, er hat dafür nicht das Auge.

Klaus-Dieter: Aber das ist kein Konfliktthema ...

Katarina: Das ist kein Konfliktthema! Aber ich kann mir gut vorstellen, daß es in jeder anderen Beziehung eines wäre.

Klaus-Dieter: Wenn du mir sagst, ob ich mal meinen Pullover wegräumen könnte – früher hätte ich das als Kritik an mir gehört. Inzwischen finde ich das völlig in Ordnung.
Ein Thema, das immer wieder mal auftaucht, ist, wenn ich unwirsch oder ... ja, engagiert aufbrausend bin. Damit kannst du schwer umgehen, und dann gehst du auch auf Distanz.

Erlebst du das dann als Angriff oder denkst du, der könnte sich mal ein bißchen zusammenreißen?

Katarina: Ich sehe es schnell als gegen mich gerichtet und denke dann, ich hätte was falsch gemacht ... Ich mache mich dann klein.

Klaus-Dieter: Ja, in solchen Situationen gelingt es mir oft nicht, meinen Unmut in Gewaltfreier Kommunikation auszudrücken ... Dann merke ich auch: Es gibt Drucksituationen – und das gilt für uns beide –, in denen wir in ganz alte Kommunikationsmuster zurückfallen. Muffeln, Vorwürfe oder einfach nur Unmut – ach, muß das jetzt sein?! Mist, was soll das hier, und hätte ich doch nur ... Solche Sachen eben.

Katarina: Und ich merke jetzt, nach vier Jahren: Endlich tut sich da was bei mir! Als wäre alles eine Ebene tiefer gesackt: Das ist gar nicht gegen mich gerichtet – das macht er, weil er gerade ein Problem hat! Inzwischen kann ich das gut trennen, ich kann darauf antworten oder auch nicht, aber ich muß nicht darauf einsteigen. Ich merke, wie ich mich so langsam aus dem Muster löse.

Wenn Wölfe durch die Wohnung laufen

Heißt das, daß es im Grunde nur Zeit braucht, bis es sich überall im System herumspricht: Der mag zwar muffeln, aber der haut nicht ab, und der findet mich nicht blöd, sondern der ist so und ich bin so?

Katarina: Ein Bild von unserer Beziehung ist: Wir haben eine Art Grundverbindung, wie ein Sockel. Der ist betondick und felsenfest, und darüber gibt es manchmal Unebenheiten, da scheint nicht immer die Sonne. Aber die Grundverbindung, die ist davon nicht berührt. Und diese Basis etabliert sich allmählich auch in meinem Unbewußten: Deine Sicherheit ist nicht wirklich in Gefahr. Du kannst auch ruhig mal Paroli bieten, du kannst auch mal deine Meinung sagen, ohne daß du gleich befürchten mußt, das war's dann. Bei mir hat das sehr lange gedauert.

Klaus-Dieter: Wir haben diesen Grundsatz von Anfang an geübt – daß das, was jemand tut und sagt, nicht *gegen* den anderen ist, sondern *für* sich selber. Wenn Katarina also schnauft und stöhnt und kleine Unmutsäußerungen von sich gibt, dann weiß ich, aha, da ist Druck bei ihr – und das heißt nicht, daß ich etwas falsch gemacht habe. Ich muß gar nicht reagieren, und wenn, vielleicht mit einer kleinen Einfühlung ... Das hat ziemlich viel Ruhe in unsere Beziehung gebracht.

Katarina: Es hat mein Grundvertrauen gestärkt, daß wir per Handschlag beschlossen haben, unsere Beziehung basiert auf dem Prinzip der Gewaltfreien Kommunikation. Am Anfang war es eher eine Vision, und jetzt merke ich immer mehr: Das geht! Das funktioniert wirklich!

Klaus-Dieter: Und da gibt's auch ein paar ganz handhabbare Schritte, die wir gehen. Zum Beispiel, wenn wir merken, daß es knirscht, dann stoppen wir erst mal. Entweder sagen wir uns das, oder wir stoppen einfach beide. Wir wissen genau: Wenn wir jetzt einfach weitermachen würden, würde es schwieriger. Und weil wir den Wunsch haben, es nicht schwieriger werden zu lassen, stoppen wir. Das haben wir miteinander abgesprochen: Wenn einer unzufrieden ist, sagen wir Stopp und nutzen die Zeit zur Selbstklärung ... Damit wir das richtig verstehen: Stopp heißt, das Thema und das Tun wird unterbrochen, und je nachdem, wie sehr es kribbelt, kann es auch heißen, jeder geht jetzt erstmal seiner Wege oder ins andere Zimmer. Oder wir setzen das, was wir machen, schweigend fort. Nur noch minimale Kommunikation.

Katarina: Über das Thema selbst wird dann erstmal nicht geredet.

Klaus-Dieter: Und es kann sein, daß das ein paar Minuten dauert, kann sein, daß es eine Stunde ist, kann auch mal sein, daß es bis zum nächsten Tag geht – obwohl wir eigentlich vorhaben, die Sachen nicht mit in die Nacht hinein zu nehmen. Also lieber Abends noch mal gucken: Was war's denn nun eigentlich? Ich benutze gerne das Bild, daß wir inzwischen viel besser wissen, wenn Wölfe durch die Wohnung laufen. Früher haben wir das nie mitgekriegt. Die sind durchs Zimmer und waren wieder weg, und das war nur komisch. Inzwischen finden wir die Wölfe, und wir können sie festhalten und sagen: Ja, da war einer.
Meistens schweigen wir also oder unterbrechen die Tätigkeit, und manchmal geht auch einer raus, und dann gibt's den Ansatz – meistens in den vier Schritten der Gewaltfreien Kommunikation –, darüber zu reden. Bisher war's oft so, daß ich ein bißchen schneller war und den Anfang gemacht habe, aber nach ein paar Sätzen ist es ein Austausch und keine einseitige Sache mehr. Und unsere Erfahrung ist, daß es nie wirklich schlimm wurde. Zuerst also die Pause und die Selbstklärung und auch die Überlegung: Was ist jetzt mit dem anderen? Und dann das Gespräch über Gefühle und Bedürfnisse: Hättest du lieber gehabt, daß es so und so ist, was wäre dir wichtig gewesen, und brauchtest du ... Bis dieser ganze Vorwurfskram, die ganze Schuld und Verteidigung und Angriff und Vorsicht – bis das alles raus ist. Manchmal dauern die Gespräche nur wenige Minuten, und alles ist wieder klar. Dann ist zwar hinterher nicht gleich wieder eitel Sonnenschein, sondern eher so etwas wie ein gemeinsames Bedauern. Aber keine Wut und kein Haß, kein Groll gegen den anderen.

Eine Frage der Haltung

Wenn ihr sagt, eure Beziehung hat als Fundament die Gewaltfreie Kommunikation – ist dann die konsequente Anwendung dieser Sprache das Wesentliche, oder ist es die Haltung, die dahinter steckt?

Katarina: Die Haltung. Ich glaube, die Sprache haben wir gar nicht so in unserer Alltagskommunikation drin.

Heißt das, ihr sagt dann auch Sätze wie: „Ich fühle mich nicht ernst genommen"?

Katarina: Nein, das nicht mehr. Ich sage auch nicht bewußt: „Ich fühle mich jetzt so und so ... " oder „Ich habe das Bedürfnis ... " Aber wenn's ganz schlimm kommt, dann besinne ich mich auf die vier Schritte – ansonsten ist es für mich eher die Haltung.

Klaus-Dieter: Ich sehe das auch so: Die Haltung ist das Entscheidende. Und es gibt in der Gewaltfreien Kommunikation so etwas wie den Wunsch nach Achtsamkeit in der Sprache – und darin üben wir uns. Ich übernehme die Verantwortung für meine Gefühle und für meine Denkweisen, aber ich übernehme auch die Verantwortung dafür, daß ich so rede, daß Respekt, Achtsamkeit und Nähe möglich sind. Ich sage z.B. nicht „Ich fühle mich übergangen" oder „Ich fühle mich nicht ernst genommen", sondern spreche das wirkliche Gefühl aus, ich formuliere Ich-Sätze statt Du-Sätze, ich äußere Vermutungen und Fragen statt Zuweisungen. Da zeigt sich die Gewaltfreie Kommunikation schon sehr konkret. Was nicht so oft passiert ist, daß wir ganz genau die vier Schritte anwenden und sagen: „Fühltest du dich vorhin so und so, weil du das und das brauchtest?" Das tun wir nur, wenn's ganz schwierig ist, dann werden wir ein bißchen formaler in der Anwendung der Sprache. Aber immer genau in diesem Sinne – wir tauschen uns darüber aus, wie jeder diese Situation wahrgenommen hat, wir reden eine Weile über die Gefühle, die wir haben, und wir reden dann darüber, was jeder von uns braucht. Und gucken auch, was das dann in der Folge heißt – also, wird meine Bitte auch umgesetzt? Willst du jetzt das oder hättest du vorhin lieber gehabt, daß es so und so ist? Aber wir haben diese Sprache nie wirklich formal angewandt, wir haben immer versucht, sie so natürlich wie möglich zu sprechen.

Was natürlich mit deiner kontinuierlichen Praxiserfahrung auch souveräner und geschmeidiger geschieht, während ein Anfänger da immer noch nach Worten ringt ... Es dauert schon sehr lange, bis so eine gewisse Beweglichkeit und Dynamik in die eigene Sprache integriert werden kann.

Klaus-Dieter: Das geht mir auch heute manchmal noch so. Bis vor einem Jahr passierte es sogar noch ganz häufig, daß Katarina z.B. Einfühlung brauchte, und ich, wie immer in meinem Leben, plötzlich einen Ratschlag auf den Lippen hatte. Wenn ich dann merkte, daß es nicht das war, was sie eigentlich brauchte, hatte ich immer noch einen zweiten Versuch. Und das ist ein guter Übungseffekt – nicht mit diesem Perfektionismus heranzugehen, sondern einfach immer wacher zu werden für die Muster. Wenn du gerade sagst „Ich fühle mich ... " – stopp, wie fühle ich mich wirklich? Und dann nennst du das Gefühl.

Passiert es manchmal, daß ihr euch entschuldigt?

Klaus-Dieter: Ja, wir entschuldigen uns, aber wir wissen, daß es eine andere Bedeutung hat. Wir wissen, daß damit nicht Schuld gemeint ist, sondern daß es eigentlich die Bitte um Nachsicht, um Verständnis, um Wiederverbindung ist.

Katarina: Eher Bedauern: Es tut mir leid, daß das so war.

Wie groß ist die Versuchung, euch gegenseitig wider besseres Wissen zu belehren?

Katarina: Es gibt manchmal Situationen, in denen ich unzufrieden bin und merke, eigentlich will ich Einfühlung. Und Klaus-Dieter steigt aufs Thema ein und gibt entweder einen Ratschlag oder macht irgendwas anderes, und dann geht's schnell in meinem Kopf: Mann, merkst du denn nicht, ich hätte jetzt Einfühlung gebraucht! Aber gleichzeitig denke ich, ich hätte ja sagen können, daß ich Einfühlung möchte. So, wie ich das eben geäußert habe, ist die Chance groß, daß ich nicht das kriege, was ich brauche. Dann fange ich an, mich selber und ihn zu analysieren und zu bewerten.

Klaus-Dieter: Ich finde, daß Diagnosen und die Hypothesen der Gewaltfreien Kommunikation sehr nah beieinander liegen. Zu sagen: „Das macht die jetzt, weil sie sich scheut, irgendwas zuzugeben", das ist eine Diagnose. Eine Hypothese wäre: „Steht sie jetzt unter Druck, hat sie Sorgen, will sie sich lieber schützen?" Diese Hypothesen, die wir in der Gewaltfreien Kommunikation anstellen, können manchmal fast wie Diagnosen aussehen. Der Unterschied ist: Wir haben den Fokus auf Gefühlen und Bedürfnissen und nicht auf dem, was da am anderen komisch und falsch ist. Das ist für mich der Hauptunterschied zwischen Analysen und den Vermutungen, die wir aussprechen. Analysen haben oft einen negativen Inhalt. Und die Frage: „Welche Gefühle und Bedürfnisse hat sie?" ist wiederum verbunden mit der Unterstellung, daß es etwas Sinnvolles sein muß. Das ist natürlich auch typisch NLP: Es muß einen Sinn haben. Und es paßt auch zur Gewaltfreien Kommunikation, wenn wir sagen, daß Menschen das, was sie tun, für ihre Bedürfnisse tun. Unterstellungen und Analysen, die dann in Vorwürfe münden – das ist bei uns ganz selten geworden ...

Rituale

Du hast mal in der Übungsgruppe eine Geschichte erzählt von euch beiden, wie ihr euch imaginäre „Wolfskärtchen" überreicht. Habt ihr noch mehr solcher spielerischen Hilfsmittel? So eine gegenseitige Unterstützung kann ja alle möglichen Formen haben.

Klaus-Dieter: Wir hatten mal die Idee, daß wir zwei, drei Tage lang bei jeder Reaktion des anderen ein Feedback geben im Sinne eines Giraffen- oder Wolfskärtchens. Das kann man aber nur unter Insidern machen – jemandem zu sagen, daß das gerade ein „Wolf" war, ist ja der Wolf selber ... Das würde ich niemals Leuten empfehlen, die gerade Gewaltfreie Kommunikation lernen – aufzupassen, wann der andere gerade seine Wölfe abschickt und dann zu sagen: Das war ein Wolf! Damit erntet man auf jeden Fall Widerstand.
Unsere Hilfsmittel oder Rituale – da wäre einmal dieses Stoppen, und dann, daß wir uns immer die Zeit nehmen, um Sachen zu besprechen. Auch die Gespräche, die zur Klärung führen, machen wir nicht zwischen Tür und Angel. Dafür setzen wir uns hin, machen vielleicht auch eine Flasche Wein auf ... und sehen zu, daß wir dafür wirklich die Ruhe haben.

Katarina: Wir hatten eine Zeit lang eine Art „Dankesrunde". Das hattest du aufgebracht, und ich fand das zuerst total albern, zu sagen, wofür ich an diesem Tag dankbar bin, worüber ich mich gefreut habe – und so weiter. Ich dachte, Gott, so 'ne rosarote Brille ... Gut, ich habe mich dann darauf eingelassen, und plötzlich merkte ich, daß wir uns da richtig reinsteigern konnten! Es war für mich wirklich bereichernd, zu spüren, daß ich für ganz viele Kleinigkeiten, die während des Tages passiert sind, dankbar bin. Es hätte ja auch anders kommen können! Dieses „Noch-mal-hinguk-ken“ hat die Verbindung zwischen uns sehr gestärkt.

Klaus-Dieter: Das würde ich sogar als Methode empfehlen: Sich hinzusetzen und assoziativ, nicht unbedingt abwechselnd, zu sagen, wofür man dankbar ist. Und es entweder dem anderen direkt zu sagen – oder einfach für sich auszusprechen. Wenn man damit anfängt, erlebt man meistens, daß nach etwa zehn Minuten erstmal die Luft raus ist. Dann kann man eine Art meditative Phase machen, und dann kommt man an die tieferen Schichten. Am Anfang sagt man vielleicht: Ich bin froh, daß du heute das und das erledigt hast, ich bin froh, daß du mich das hast machen lassen, oder ich bin froh, daß du gelassen reagiert hast heute Mittag, als ich das und das gesagt habe. Und danach ...

Katarina: Danach kommt: Was bedeutet das eigentlich für mich, daß du so gelassen reagiert hast? Das war der Moment, als ich merkte, da tut sich eine völlig neue Dimension von Dankbarkeit für mich auf.

Klaus-Dieter: Nicht unbedingt eine Methode oder ein Ritual ist, daß wir versuchen, konkreter zu bitten und zu wünschen, was wir brauchen. Also nicht mehr abzuwarten, daß der andere das doch endlich selber merkt – sondern ganz konkret zu sagen: „Ich möchte jetzt das und das ... Ist das in Ordnung für dich?“

„Ist das in Ordnung für dich“ – ist das wichtig?

Klaus-Dieter: Ja, das ist die Abstimmung. Wenn ich etwas vorschlage oder tue oder für uns beide tun will, möchte ich wissen, daß es Katarina gut damit geht. Daß es für sie in Ordnung ist. Was nicht unbedingt heißt, daß sie sich damit immer wohl fühlt. Es kann auch heißen: respektieren, akzeptieren. Aber in dem Moment, in dem wir wissen, was wir möchten und das auch sagen, können wir schon mit sehr viel Verständnis bei dem anderen rechnen.

Katarina: Wo ich früher noch um den heißen Brei herumgeredet habe, frage ich mich heute eher: Was will ich eigentlich? Was will ich jetzt? Und antworte dann mit einer Ich-Botschaft: Ich möchte das und das. Etwas, das früher eher als Forderung aufgefaßt wurde, ist für uns eine Bitte, und der andere hat immer das Recht, ja oder nein zu sagen.

Den anderen beim Wort nehmen

Gibt es noch Situationen, in denen ihr im Nachhinein merkt, hm, dieses Ja war eigentlich doch ein Nein?

Katarina: Gibt es. Ist auch aus meiner Geschichte erklärbar – bei mir war so was Standard. Das hatte ich in den ersten Jahren sehr häufig, ohne daß ich es merkte, und inzwischen fällt es mir öfter auf. Heute kann ich hinterher sagen: „Du, ich merke grad, das war nicht die Entscheidung, die ich eigentlich wollte – ich hab da schnell mal eben ja gesagt." Und das gibt mir so viel Vertrauen: Ich kann jederzeit den Moment neu definieren und sagen, halt, stopp, ich hab zwar so entschieden, aber jetzt ist's eben anders für mich. Und ich finde immer Verständnis dafür.

Klaus-Dieter: Ich habe dazu noch eine andere Haltung entwickelt. Wenn ich zu etwas ja gesagt habe, zu dem ich eigentlich lieber nein gesagt hätte, dann frage ich mich: „Welches Bedürfnis hat jetzt ja gesagt?" Ich weiß, daß sich irgendein Bedürfnis von mir vorgedrängelt und mich hat ja sagen lassen, zum Beispiel das Bedürfnis nach Harmonie oder nach Nähe oder Verbundenheit. Marshall nennt das ja den „inneren Entscheider". Mein Entscheider hat sich so entschieden, und der muß einen guten Grund dafür gehabt haben. Ich merke, aha, ich habe mich gegen etwas entschieden – aber wenn ich mich gegen ein Bedürfnis entscheide, entscheide ich mich gleichzeitig für ein anderes, und wenn ich weiß, für welches, dann bin ich wieder mit mir im Reinen.

Katarina: Und ich kriege das nie retour, wenn er sich entschieden hat und hinterher merkt, das war's doch nicht. Ich weiß dann genau: Es ist in Ordnung für ihn.

Klaus-Dieter: Ja, wenn's nicht in Ordnung ist, wär's ja auch meine Sache.

Das heißt, im wahrsten Sinne des Wortes, den anderen beim Wort nehmen – aber nicht, weil er was unterschrieben hat, sondern weil diese Sicherheit da ist: Was da kommt, ist Ausdruck dessen, was gerade ist – und wenn's sich ändert, ändert sich auch der Ausdruck.

Klaus-Dieter: Ich spreche das manchmal gar nicht aus. In dem Moment, wo mir klar ist, das habe ich jetzt wegen meines Bedürfnisses nach Gemeinsamkeit gemacht, bin ich ja gar nicht gram, und dann brauche ich es auch nicht zu sagen.

Dann gilt das, was du gesagt hast, nach wie vor, und du bist dir ein bißchen näher gekommen, weil du dir deine Bedürfnisse angeguckt hast. Und – die Kunst daran ist ja auch, sich dann nicht auch noch selber fertig zu machen ...

Klaus-Dieter: Das ist das Wesentliche. Das ist eines der entscheidenden Dinge, die ich durch NLP und Gewaltfreie Kommunikation gelernt habe: Mich selber anzunehmen, mich selber zu lieben mit all den Dingen, die auch komisch sein mögen. So etwas wie eine ganz große Selbstakzeptanz. Ich glaube, wer Gewaltfreie Kommunikation mit Überzeugung weitergeben will, der muß auch in dieser Richtung an sich arbeiten – Selbstakzeptanz, Selbstliebe, Selbstverständnis ... Sich selber zu verstehen und zu akzeptieren, das schafft auch die innere Ruhe, sich nicht von Worten umhauen zu lassen oder sofort Angst zu kriegen, in Abwehrhaltung zu gehen. Ich glaube, daß das eine wesentliche Aufgabe ist, wenn man Gewaltfreie Kommunikation lernt: sich ganz viel mit sich selber auseinanderzusetzen, seine Bedürfnisse klar zu haben – und die wertzuschätzen.

Da gibt es ja diesen Glaubenssatz, den ich so wichtig finde – daß es eben kein Negativbedürfnis gibt. Alle Bedürfnisse dienen dem Leben, also kann ich immer sagen: Wenn ich das für ein Bedürfnis getan habe, dann habe ich es für's Leben getan. Und damit bin ich immer auf der sicheren Seite.

Ich denke, es ist nicht nur für diejenigen wichtig, die Gewaltfreie Kommunikation lernen wollen – es ist für alle, die Beziehung lernen wollen, genauso wichtig. Darüber wundern sich viele am Anfang: „Wie, ich zuerst? Meine Bedürfnisse zuerst? Aber Beziehung, da geht's doch um dich und mich, wieso dann ich zuerst?"

Klaus-Dieter: Es geht um die Ausgewogenheit. Sicher – ich muß mir erstmal über mich im Klaren sein, aber dann muß ich mir über den anderen genauso klar werden. Dann stehen da die beiden Bedürfnisse nebeneinander. Dann beginnt der sogenannte „Giraffentanz", das Abwägen. Was viele tatsächlich überspringen, ist die Selbstklärung, also das, was sie selber brauchen, und stattdessen sind sie schnell beim anderen. Und pendeln dann vielleicht auch hin und her zwischen der Analyse des anderen und Einfühlung in den anderen. Wenn man aber nicht mit sich selber im Reinen ist, wenn man nicht selber diese innere Ruhe für sich schaffen kann, dann kann man nur schwer einfühlsam für andere Leute sein. Dann geht man schnell in die Analyse, weil man selber unter Druck steht.

Mit dem Gedanken „Ich bin nicht in Ordnung" kann man nicht empathisch zuhören ...

Klaus-Dieter: Das schon gar nicht. Aber auch wenn ich nicht weiß, warum ich jetzt gerade unwirsch bin, warum ich kribbelig bin, dann mischt sich immer wieder so etwas hinein wie: Was ist mit dem anderen falsch, daß es mir so geht? Deshalb ist die Selbstklärung so wichtig. Wenn mir klar ist, was mit mir los ist, dann kann ich das an die Seite packen und mich voll dem anderen zuwenden. Wenn erstmal meine Bedürfnisse klar sind, stehen sie parallel neben den Bedürfnissen des anderen – und erst dann kann mit den Bitten ein Weg gefunden werden, wie es zusammenpaßt. „Erst ich" könnte ja heißen, nur ich und du nicht mehr, und dann würden wir die Bedürfnisse des anderen überspringen. Es sollte heißen: „Zuerst ich – mit dem anderen" und nicht: „Zuerst ich – gegen den anderen". Marshall hat ja auch diesen Satz geprägt: Nicht Macht gegen andere Menschen, sondern Macht mit anderen Menschen.

Werte und Grenzen

Was wären denn – zusammenfassend betrachtet – die Qualitäten, die ihr durch Gewaltfreie Kommunikation und vor allem durch das Anwenden, das Leben von Gewaltfreier Kommunikation dazugewonnen habt?

Katarina: Es gibt ja die Sachen, die jeder aus seiner früheren Biographie mitbringt – Sachen, auf die er besonders einsteigt oder bei denen er besonders empfindlich reagiert. Das ist etwas, worüber wir oft reden, wo wir hinterher noch mal nachschauen: Was war denn da, daß du da so explodiert bist oder so reagiert hast – obwohl es eigentlich dieser Situation nicht angemessen war? Wir versuchen, die wunden Punkte herauszufinden, um achtsam damit umgehen zu können. Wenn Klaus-Dieter zum Beispiel die Stimme erhebt, dann sage ich: „Du schreist mich an", und er sagt: „Wieso, ich rede engagiert!" Natürlich weiß ich, daß das vermutlich was mit meiner Vergangenheit zu tun hat. Aber egal, wo's herkommt – wichtig ist, wie er damit umgeht, wie wir damit umgehen. Und da er diesen wunden Punkt kennt, kann er ihn, so gut es geht, vermeiden – und wenn nicht, kann ich immer noch sagen, aha, er schreit nicht, er ist engagiert. Wir haben also beide die Chance ...

... gemeinsam zu lernen.

Katarina: Und uns über unsere eigenen Werte auszutauschen. Die kommen manchmal erst im Gespräch raus. Deswegen liebe ich unsere Gespräche so, weil mir dabei so viel klar wird über mich selbst. Ich würde das alleine nie herausfinden. Wir haben zum Beispiel mal über Grenzüberschreitungen gesprochen. Ich habe gesagt, für mich wäre es eine Grenzüberschreitung, wenn du ...

Klaus-Dieter: Schimpfworte zum Beispiel.

Katarina: Ja, genau. Wenn du Schimpfworte aus der Alltagssprache benutzt – da ist bei mir eine Grenze.

Klaus-Dieter: Böse Unterstellungen wären auch Grenzüberschreitungen ... Eigentlich alle schwereren Formen von Analysen. Darüber haben wir lange gesprochen. Das hat viel mit der Achtsamkeit in der Sprache zu tun.

Und es ist kein Rumstochern im Dunkeln: Wo könnte da eine Grenze sein?, sondern ein offener Austausch, soweit einem das zugänglich ist ... Das ist eine immense Chance.

Klaus-Dieter: Ich bin manchmal unbedacht in meinen Äußerungen, und da gibt es eben Worte, die bei Katarina eine ganz andere Resonanz haben als bei mir. Ich glaube, das spielt eine große Rolle, daß wir uns von Anfang an bemüht haben, unterhalb einer solchen Grenzüberschreitung zu bleiben. Natürlich gelingt das nicht immer.

Mir gefällt das, weil normalerweise Grenzen erst dann zur Sprache kommen, wenn sie bereits verletzt wurden. Ich denke, das ist eine ganz andere Basis, darüber zu sprechen, wenn es nicht gerade akut ist, sondern einfach die Freiheit da ist, zu sagen: Das sind meine Grenzen, und jetzt erzähle ich dir mal was darüber ...

Katarina: Wenn man erstmal anfängt, eine Grenze zu überschreiten, dann überschreitet man sie immer wieder. Dann ist das wie ein niedergetretener Zaun ...

Klaus-Dieter: Und deswegen ist die Achtsamkeit so wichtig, um nicht so einen Zaun niederzutreten, der dann wieder eine ganz andere Sprachgewohnheit möglich macht. Für mich spielt es eine große Rolle, daß ich nach und nach weiß, worauf Katarina

empfindlich reagiert. Dann beiße ich mir lieber auf die Zunge. Oder ich versuche, es mit einem Ich-Satz auszudrücken.
Was für uns auch ein wichtiger Punkt war: Wir haben zusammen über das Bedürfnis nach Einzigartigkeit gesprochen. Wir sind uns darin einig, daß wir füreinander diejenigen sind, durch die die meisten Bedürfnisse erfüllt werden. Auch sexuell ist das für uns ganz eindeutig und klar. Wenn man das also ein „Bedürfnis nach Einzigartigkeit" nennt, dann haben wir die Strategie, daß wir es untereinander ausleben wollen. Das gibt uns große Sicherheit und Vertrauen.

Auch eine gute Idee, das mal vorher zusammen zu besprechen ...

Klaus-Dieter: Du hattest vorhin nach Qualitäten in unserer Beziehung gefragt. Das betrifft auf jeden Fall die Achtsamkeit in Bezug auf Grenzen. Dann der Respekt – da ist wieder der Grundsatz, daß die Verbindung wichtiger ist, als Recht zu haben. Das könnte man als eine Art Überschrift nehmen: Weil wir beide ein großes Bedürfnis nach Nähe, Verbindung und Intimität haben, ist uns das einfach wichtiger – aber nicht im Sinne von Konfliktscheu!
Ja, und für mich persönlich ist das alles auch getragen davon, daß dies die letzte Beziehung in meinem Leben ist. Wenn das hier zusammenbricht, dann – ist's vorbei. Dann werde ich Eremit. Es ist für mich so etwas wie die letzte Chance. Und das trägt mich auch ein ganzes Stück. Das habe ich damals am Anfang beschlossen: Ich möchte mit allem, was ich kann, dazu beitragen, daß diese Beziehung auch gelingt.

Katarina: Das machst du ganz viel.

Klaus-Dieter: Das mach' ich ganz viel?

Katarina: Ja.

Klaus-Dieter: Dazu gehört, daß ich der Meinung bin, daß man sich für eine Liebe bewußt entscheidet – und daß nicht, wie ein dunkles Gefühl, ES mich überkommt ... Darüber haben wir auch lange gesprochen: Es gibt genügend Männer und Frauen auf der Welt; man ist nicht auf jemanden angewiesen, also ist es eine Entscheidung. Wir haben uns, ich habe mich bewußt entschieden. Und das heißt dann eben auch, daß ich die Verantwortung dafür übernehme, daß meine Entscheidung auch Erfolg hat. Das Thema „Lieben" ist ja bei Marshall ganz spannend, und lieben – „lieben" als Tätigkeit – ist für mich etwas, das die Voraussetzung dafür schafft, daß es uns gut geht.

Also das aktive Lieben.

Klaus-Dieter: In Wort und Tat.

Katarina: Toleranz und Respekt, Wertschätzung ... Ich erlebe es so oft als Wertschätzung, wie Klaus-Dieter mit mir spricht, wie er mit mir umgeht. Und unsere gegenseitige Toleranz für die Andersartigkeit. Das wird oft zu solch einer Bereicherung, wenn man dann tiefer geht und nachfragt: Was steckt denn bei dir dahinter, daß es so ist? Da finde ich Sachen heraus, die mich wirklich begeistern.

Die Vision

Klaus-Dieter: Was mir noch als Grundhaltung ganz wichtig ist: daß wir immer klar haben, daß das, was wir tun, der Versuch ist, beizutragen zu dem, was ist. Daß es keine destruktiven Versuche sind. Selbst wenn einer meckert, möchte er eine positive Entwicklung, möchte er beitragen oder versuchen, etwas Sinnvolles zu bewirken.

Kann man das die Vision oder den Sinn eurer Beziehung nennen?

Klaus-Dieter: Du magst das zwar manchmal nicht hören, Katarina, aber: Das, was wir sind, sind wir nur, weil wir zusammen sind. Ich wäre das, was ich jetzt bin, nicht ohne dich. Auch wenn du manchmal denkst, daß du viel weniger beiträgst ...

Katarina: Ja, ich denke oft, du wärst auch ohne mich so. Aber wahrscheinlich stimmt's nicht.

Klaus-Dieter: Wir haben mal ein Buch gelesen von einem Paarberater, der sagte, in Krisen solle man sich auf seine Vision besinnen, die man hatte, als man sich verliebte. Da haben wir uns gefragt: Was war denn eigentlich bei uns der Grund, uns zu verlieben? Was mich betrifft: Ich habe in dir einen Menschen gesehen, erhofft – und gefunden, das kann ich jetzt auch sagen –, der meine Bedürfnisse nach Akzeptanz, nach Wertschätzung, Aufmerksamkeit und Nähe erfüllt. Weißt du noch, was für dich das Wesentliche war?

Katarina: Für mich war das Wesentliche, daß ich einen Grund und Boden finde, eben diesen Sockel – um dann so sein zu können, wie ich bin, ohne Angst zu haben. Diese Hoffnung hatte ich in dich. Und die hat sich auch erfüllt.

Klaus-Dieter: Unsere Vision ist eigentlich, daß wir eine Beziehung haben, die von Gemeinsamkeit und Entwicklung getragen ist – und nicht von Streß. Die Vision heißt, mit all den Punkten, die wir genannt haben – Achtsamkeit, Respekt, positive Unterstellung, Annehmen des anderen, Gucken, was es bei einem selber bewirkt, die Verantwortung für die eigenen Gefühle übernehmen – eine entspannte Beziehung zu führen. In der es auch Spannungen geben darf, aber diese Spannungen führen uns immer ein Stück weiter nach vorne.

Katarina: Eine bereichernde Beziehung, um sich weiterentwickeln zu können.

Klaus-Dieter: Ich glaube, daß alle Paare die Hoffnung haben, einfach nur miteinander glücklich sein zu können. Nur daß es schief geht. Aber warum tut man sich sonst mit jemandem zusammen und richtet sein ganzes Leben darauf aus? Doch nur, weil man das Bedürfnis nach Leben, nach Intensität, nach Schönheit hat.

Die Vision haben wir alle gemeinsam, bloß der Weg dorthin ...

Klaus-Dieter: Man hat uns zu sehr verdorben. Ich glaube schon, daß alle diese Vision haben. Ich sehe das ja auch in der Paarberatung, wie die Leute kritisieren, nörgeln, verurteilen – aber daß sie eigentlich nur an ihrem Glück arbeiten. Ich glaube nicht, daß sie einander ernsthaft schaden wollen. Das sind eben ihre hilflosen Versuche, etwas zum Guten zu wenden – nur wissen sie leider nicht, wie's geht.

Aber das macht die Sache um so tragischer. Und um so dringlich notwendiger, daß man ihnen Alternativen anbietet, nicht nur für ihre Beziehung, sondern für ihr ganzes Leben mit anderen Menschen, mit ihren Kindern, mit ihren Vorgesetzten, mit ihren Kollegen, mit sich selber ... Die Sehnsucht nach diesem Zustand vereint uns alle – und da ist ganz sicherlich die Bereitschaft, etwas dafür zu tun, nur daß dieses fortwährende Bemühen und das fortwährende Scheitern natürlich auch frustriert. Hat sich in eurer Arbeit auch durch die Erfahrungen aus eurer Beziehung etwas verändert?

Klaus-Dieter: Dort, wo es um Beziehungen geht, entweder bei Paarberatungen oder in Seminaren, natürlich sehr – weil ich viele Erkenntnisse durch uns gewonnen habe, die ich einbringen kann. Da fließt einiges in die Arbeit mit ein. Ich sehe inzwischen bei vielen Paaren sehr viel klarer, wo's klemmt – daß sie eigentlich beitragen wollen, aber einen ungünstigen Weg für das Beitragen suchen. Oder daß der Wunsch, den anderen zu verändern, so etwas wie ein hilfloser Versuch ist, doch etwas für beide zu tun. Und wenn ich den Leuten das sage, dann bewirkt das sehr viel. Was ich durch unsere eigenen Erfahrungen sammeln konnte, zeigt eine klare Struktur dessen auf, wie die Wolfswelt funktioniert. Wie schlecht sie funktioniert.

Und natürlich erzählen wir Beispiele aus unserem Leben, was die Leute sehr schön finden – das schafft Nähe und Offenheit ...

... und das zeigt vor allem, daß ihr nicht irgendwo da oben steht mit dem, was ihr tut, sondern auch sterblich seid und Fehler macht. Und daß Fehler gemacht werden dürfen.

Klaus-Dieter: Wir würden uns immer als „auf dem Weg" bezeichnen. Ich glaube auch, daß es ein lebenslanges Lernen ist. Irgendjemand hat mal gesagt, wenn man eine Krankheit hatte, dann braucht man ein Zehntel der Zeit für Heilung. So ist das hier bestimmt auch. Wenn man 50 Jahre Wolf gewesen ist, braucht man mindestens fünf Jahre, um das einigermaßen wieder loszuwerden ... Und das würde ich allen Leuten sagen, immer wieder: Sei froh über kleine Schritte, sei froh, daß du den Wolf erkennst, sei froh, daß du bestimmten Sachen die Spitze nehmen kannst – aber glaube nicht, daß du schon gewaltfrei kommunizieren kannst. Denn die meisten Leute kennen den ersten Satz, und beim zweiten wissen sie schon nicht mehr, was sie sagen sollen ...

Anleitung zum Glücklichsein

Habt ihr für Menschen, die eines der Bücher zum Thema „Gewaltfreie Kommunikation" gelesen haben, die davon berührt sind, die den Wunsch haben, selber gewaltfrei zu kommunizieren, in welcher Form auch immer – habt ihr da sinnvolle Tipps, was sie beherzigen sollen?

Klaus-Dieter: Man kann auf jeden Fall ganz klare Tipps geben. Der erste ist: Halt die Klappe, wenn's eng wird. Ganz eindeutig. Wenn du merkst, die Kommunikation läuft nicht, du bist frustriert, du bist ärgerlich – halt den Mund! Stopp die Situation! Und dann: Ich-Botschaften statt Du-Botschaften. Immer wieder versuchen, von „Ich

brauche“ zu reden und nicht von „Du bist“ oder „Du hast“. Das verändert die Haltung.
Ein weiterer Tipp wäre, sich hinzusetzen und eine Art Tagebuch zu schreiben – was habe ich in dem Moment erlebt, wie fühlte ich mich da, was brauchte ich? Wie habe ich den anderen erlebt, wie fühlte der sich, was brauchte der? Damit man einfach sicher wird in der Hypothesenbildung – und auch immer mehr wegkommt von der Analyse. Und wenn es ein Paar ist, sollten beide vereinbaren, daß sie es mit Gewaltfreier Kommunikation versuchen, und auch reflektieren, was dieser Versuch jeweils beim anderen bewirkt.

Du glaubst also, diese Vereinbarung ist wichtig – diese ausgesprochene Vereinbarung?

Klaus-Dieter: Das würde ich empfehlen – und da, wo's nicht möglich ist, weil der eine sich sperrt, würde ich dem anderen immer noch sagen: Versuch's trotzdem. Optimal wäre zum Beispiel, daß ein Paar gemeinsam Marshalls Buch *„Gewaltfreie Kommunikation“* liest, darüber spricht und sagt: Laß es uns mal probieren, ob das unsere Kommunikation und unser Zusammenleben verbessert.

Ist es problematisch, wenn es erstmal nur einer der Partner ist, der das macht?

Klaus-Dieter: Nein, es ist nur schwerer. Marshall hat ja gesagt, es sei sogar gut, wenn der andere die Gewaltfreie Kommunikation nicht kennt, dann kann er sie ganz offen als Geschenk annehmen. Wenn jetzt z.B. eine Frau am Seminar teilnimmt, weil sie ihre Beziehung verbessern möchte, dann ist das genauso möglich, nur ist es ein bißchen mühsamer, weil sie praktisch für zwei arbeiten muß. Sie wird nämlich die intensive Selbsteinfühlung machen, und sie wird sich immer in den anderen einfühlen.

Und sie kriegt am Anfang keine Einfühlung vom anderen.

Klaus-Dieter: Genau. Sie müßte also am Anfang mehr investieren – aber sie tut's ja für sich, weil sie die Beziehung verbessern will. Außerdem haben wir beobachtet, daß, wenn wir eine Zeit lang mit einem Menschen gewaltfrei reden, er diese Art zu sprechen übernimmt. Das kann man sogar schon in zweistündigen Mediationsgesprächen nachweisen. Ich glaube, wenn einer von beiden diese Kommunikation intensiv trainiert und anwendet, dient er dem anderen auch als Modell.

Katarina: So viel zur Theorie. Ich hab's probiert in meiner früheren Beziehung, und ich bin daran gescheitert, daß ich mir selbst nicht genug Einfühlung geben konnte – und an meinen eigenen Glaubenssätzen, Schuldsystemen und Mustern, die ich damals hatte. Ich war nur noch frustriert. Diese wertschätzende Haltung mir selbst gegenüber, die fehlte mir damals. Ich glaube, diese Stärke braucht der eine, der es erstmal allein versucht, unbedingt – die Wertschätzung für sich selber.

Und ich denke, ein weiteres Gefahrenpotential liegt darin: Wenn man beeindruckt ist von so einer neuen Methode, tendiert man zum Missionieren – hey, was ich da gerade lerne, das ist wesentlich besser als das Alte! Und in dem Augenblick ist der Widerstand fast schon vorprogrammiert ...

Klaus-Dieter: Für mich gibt es drei Stufen der Entwicklung innerhalb der Gewaltfreien Kommunikation. Die erste Stufe ist, daß man die Methode so gut wie möglich begreift, auch theoretisch. Ich erlebe viele Leute, die gucken sich die vier Schritte an und sagen, okay, kann ich. Und dann können sie es nicht, weil sie es inhaltlich nicht durchdrungen haben. Ich halte es für notwendig, sich intensiv mit der Theorie zu befassen, um sie so verinnerlicht zu haben, daß man nicht lange nachdenken muß, was als nächstes passiert.

Danach geht man den zweiten Schritt und beginnt, mit sich selbst und seiner Umwelt gewaltfrei umzugehen – ohne irgendeine Erklärung. Einfach nur tun, sich ausprobieren, die eigenen Bedürfnisse kennen lernen, einfühlsam denken, einfühlsam spüren, wie's für den anderen ist, einfühlsam auf ihn eingehen, um damit seine Erfahrungen zu machen.

Und erst dann kommt der dritte Schritt – sich mit dem Partner zusammensetzen und anfangen, auf der Meta-Ebene darüber zu sprechen. Wie reden wir eigentlich miteinander? Aber es wäre wie Öl ins Feuer zu gießen, wenn man dem anderen sagen würde, was er alles falsch macht, und jetzt habe ich die richtige Methode für uns ... Deshalb finde ich diesen Dreierschritt wichtig: selbst mit sich klarkommen, als nächstes nur anwenden und erst als drittes darüber reden.

Alltagspraxis

Wie wichtig ist es, Gleichgesinnte zu finden und zu Übungsgruppen zu gehen?

Katarina: Übungsgruppen sind schon hilfreich, das beschleunigt die Sache sehr. Ich glaube zwar, daß es eine natürliche menschliche Fähigkeit ist, mitfühlend zu sein, aber wir sind leider durch unsere ganze Entwicklung so weit davon entfernt, daß es nötig ist, sich dafür Unterstützung zu suchen.

Klaus-Dieter: Viele Menschen brauchen die Korrektur eines Beraters oder einer Gruppe, weil sie gar nicht merken, in welches Muster sie wieder zurückfallen. Das ist eigentlich das Entscheidende bei einer Übungsgruppe. Durch das Spiegeln in der Gruppe verändert sich der Sprachgebrauch. Es ist ganz wichtig, daß man das nicht im stillen Kämmerchen macht, sondern sich mit anderen zusammentut und gemeinsam lernt und übt.

Und vor allem ist es wichtig, daß man gewaltfreie Gespräche, bevor man sie führt, üben kann. Das, was wir in den Übungsgruppen machen, ist eine Art „vorsorgliches Rollenspiel". Da sagt jemand: „Ich möchte mit meiner Nachbarin, meinem Mann oder mit meinem Kollegen über dieses Thema reden" – und dann üben wir das Gespräch. Der Betreffende kann sich darin erleben, kriegt ein Feedback und kann später das Gespräch auch führen, weil er's schon einmal durchgespielt hat. Das ist ein bißchen wie mentales Training, das man vor bestimmten Leistungen macht. Ich würde also ganz dringend empfehlen, sich Gleichgesinnte zu suchen – auch von Marshalls Seite besteht der Wunsch, daß Übungsgruppen Teil des Konzepts sind.

Katarina: Ich hätte da auch noch ein paar Tipps, die ich in meinen Einführungsseminaren gebe. Ganz wichtig ist, daß die Leute nicht als erstes an ihre schwierigsten Themen rangehen. Wenn sie damit gleich anfangen, ist es vorprogrammiert, daß es Frust gibt. Also: Erstmal Situationen nehmen, in denen sie emotional nicht so stark beteiligt sind, in denen sie ein bißchen Distanz haben.
Das zweite, was ich zum Üben des ersten Schritts „Wahrnehmen – Beobachten" empfehle, ist: Beobachte mal einen Dialog oder etwas, das gerade passiert, ganz wertfrei. Versuche, es nicht nur in Worte zu fassen, sondern auch die eigene Haltung zu checken. Das kann man spaßeshalber trainieren, zu Beispiel in der S-Bahn. Da sitzt vielleicht einer und liest – und man macht sich Gedanken: Was geht in dem vor? Man ist emotional nicht beteiligt und kann vor sich hin spinnen ...

Klaus-Dieter: Aber einfühlsam spinnen. Nicht analysieren.

Katarina: Genau. Sich positiv überlegen, was bewegt den wohl? Warum tut er die Dinge so, wie er sie tut? Das trainiert die neuen Denkmuster. Und man muß gar nicht groß aktiv werden.

Und es schärft das Bewußtsein. Für mich war es sehr erschütternd, mal darauf zu achten, wie meine inneren Dialoge ablaufen ...

Klaus-Dieter: Für mich ist Gewaltfreie Kommunikation ein verändertes Deutungssystem. Wir deuten das Verhalten oder die Worte des anderen einfach anders. Wir deuten sie nicht mehr als Gemeinheit, als schädigend, als Grenzüberschreitung, als Gewalt, sondern wir deuten sie immer als den Versuch, ein Bedürfnis zu erfüllen. Und das muß man üben.
Ich würde den Leuten sogar sagen: Setz dich mal hin und guck, was ein Mensch tut, also was beobachtbar ist, und dann unterstell ihm mal 20 positive Sachen. Eine ganz konkrete Übung: Beschreibe etwas und unterstelle dem Menschen sinnvolle Absichten und Bedürfnisse. Daß die Leute überhaupt mal auf die Idee kommen, so etwas zu denken! Das ist eigentlich die Voraussetzung für einfühlsames Denken – und für Einfühlung überhaupt.
Eine weitere Sache, auf die ich hinweisen möchte: Nicht entmutigt sein, wenn man nach ein paar Sätzen wieder in alte Muster gefallen ist! Lieber nach dem Motto: Jeder Giraffensatz ist ein Gewinn. Wir erleben viele Leute, die mit einem hohen Anspruch kommen und sagen: „Hab ich probiert. Geht nicht." Die lassen sich zu schnell entmutigen, weil sie sich gar nicht bewußt machen: Sie sind Menschen, die lernen, die etwas Neues üben, und jeder kleine Satz, der die Situation verbessert hat, ist ein Grund zum Feiern! Es ist wichtig, den Fokus immer auf dem schon Erreichten zu haben – und nicht auf dem, was noch fehlt.

Und immer wieder: Gefühle

Katarina: Was ich noch ganz wichtig finde: Die Gewaltfreie Kommunikation assoziieren viele mit „Ab jetzt geht's mir nur noch gut". Die Frage wäre da schon mal, was heißt gut?

Ich bin jetzt ein guter Mensch, habe nur noch reine, edle Gedanken ...

Katarina: ... und bin nur noch glücklich und zufrieden. Gewaltfreie Kommunikation heißt, du bist mit deinen Gefühlen verbunden. Wenn man das als „gut" bezeichnet, stimmt die Aussage natürlich. Aber mein Gefühl kann auch sein, daß ich traurig bin. Oder frustriert. Oder verlegen – Gefühle, die wir eher als „negativ" bezeichnen. Sich mit dem Gefühl zu verbinden ist der Kern der Gewaltfreien Kommunikation – und nicht etwa, daß es mir nur noch gut geht, daß ich nur noch „positive" Gefühle habe. Das geht ja manchmal sogar noch weiter – daß Leute nicht einfühlsam mit dem anderen reden wollen, weil sie sich sorgen, daß sein Gefühl dann noch schlimmer wird. Was ja auch stimmt. Wenn jemand Angst hat und versucht, diese Angst so gut wie möglich zu übertünchen, und er wird dann mit der Angst in Verbindung gebracht, dann füllt die Angst auch den Raum, und es wird erstmal schlimm.

Und in dem Ausmaß, wie wir Angst haben, selbst etwas zu fühlen, haben wir natürlich eine Mordsangst vor den Gefühlen des anderen. Es hat mich sehr beeindruckt, als Marshall sagte: Lernt, andere leiden zu sehen! Wir neigen dazu, das sofort beenden zu wollen, weil wir es nicht aushalten.

Klaus-Dieter: Die Haltung der Gewaltfreien Kommunikation ist, daß alle Gefühle wertvoll sind, auch wenn sie erstmal schwerer auszuhalten sind. Aber wenn wir nicht die Gefühle von Trauer, Angst oder Not spüren, dann spüren wir auch nicht die Bedürfnisse, die damit verbunden sind. Es ist so wie in der Homöopathie: Erst wird's schlimmer, wenn man mit dem Gefühl verbunden ist, aber dann löst es sich wieder. Und nur dadurch löst es sich – und nicht durch weiteres Unterdrücken und Negieren.

Katarina: Für mich ist das die Vielfalt des Lebens – auch in meiner Traurigkeit, wenn ich sie richtig annehmen kann, spüre ich eine ganz tiefe Verbundenheit mit dem Leben. Es ist in Ordnung, so darf ich sein – so bin ich!

Es ist ein sehr langer Weg, mit dem Zuordnen „positiv" und „negativ" aufzuhören – und zu lernen, einfach mit den Dingen zu sein. Nichts daran zu tun. Keine Erste Hilfe, kein Schönreden, sondern mit dem sein, was ist.

Klaus-Dieter: Ein anderes Thema, bei dem anfangs oft Schwierigkeiten auftauchen, ist die – wie Marshall sie nennt – „herzöffnende Selbstmitteilung". Sie ist ein ganz wichtiger Schlüssel für die Verbindung. Hier geht es darum, daß wir in einer schwierigen Situation nicht gleich beim anderen sind und ihm Einfühlung geben, sondern zunächst einmal selber genau wissen, was wir brauchen, und das auch mitteilen. Die meisten Leute haben Angst, sich dadurch verletzbar zu machen – und tun es dann nicht. Wir erleben aber, daß dies fast immer der verbindende Schritt ist: daß man seine

Not, seine Gefühle, seine Bedürfnisse, für die man klar die Verantwortung übernommen hat, dem anderen gegenüber äußert. Und das wiederum aktiviert dessen angeborene Fähigkeit zum Mitgefühl. Viele Menschen befürchten so etwas wie: „Wenn ich dem jetzt sage, daß ich Angst habe, dann setzt der noch einen drauf." Unsere Erfahrung ist da anders. Die meisten Durchbrüche in Veränderungen haben wir dann erlebt, wenn Leute anfingen, sich hinzustellen und zu sagen, hör mal, wenn ich das und das erlebe, geht es mir so und so, und ich brauche ganz dringend, daß das und das passiert. Ohne Angriff, ohne Beleidigung, ohne Unterstellung, ohne daß der andere Schuld an irgendwas hat. Das ist oft noch verbindender als die Einfühlung in den anderen. Ich finde es wichtig, daß man mehr und mehr den Mut aufbringt, sich zu offenbaren.

Genau so würde ich Gewaltfreie Kommunikation anwenden: Erst werde ich mir über mich selber klar, dann äußere ich dem anderen gegenüber meine Gefühle, meine Bedürfnisse und meine Bitte, und dann warte ich auf seine Reaktion. Entweder habe ich ihn einfühlsam erreicht, dann kann er meine Bitte hören und erfüllen, oder er kann ihr nicht nachkommen, weil sein Wertsystem, seine Bedürfnislage dagegen spricht. Dann kommt eventuell ein klares Nein, und wir beginnen einen Giraffentanz. Kann er meine Bitte nicht hören und reagiert mit einem Angriff, Vorwurf oder nur mit Abwehr, würde ich mich auf ihn beziehen und einfühlsam für ihn da sein – damit er wieder hörfähig ist und kooperationsbereit für meine Bitte. Dann kann ich wieder mit meiner Selbstmitteilung und meiner Bitte kommen, denn ein Nein von ihm heißt nicht, daß ich meine Bitte aufgebe. Das Wechselspiel von Selbstmitteilung und Einfühlung geht so lange, bis ich sicher sein kann, daß meine Bedürfnisse und Bitten gehört wurden und ich seine auch verstanden habe. Dann können wir uns auf den Weg zum Giraffentanz machen.

Es ist wichtig, diese Reihenfolge auch einzuhalten – also nicht vorsorglich Einfühlung zu geben –, sondern erstmal mit einer klaren Selbstmitteilung anzufangen. Erst wenn der andere wölfisch abwehrt, besinnt man sich auf den Weg der Gewaltfreien Kommunikation. Das halte ich für eine klare Struktur, die man anderen empfehlen kann.

Gewaltfrei leben

Gibt es so etwas wie einen „Point of no return" in Beziehungen, wo Gewaltfreie Kommunikation wirklich nicht mehr helfen kann?

Klaus-Dieter: Wir erleben ganz oft, daß Menschen so viel versucht haben, um ihre Beziehung zu retten, und schon als Verzweifelte ankommen. Dann ist es schwer, noch etwas zu machen. Und damit wären wir bei den beiden Ausrichtungen der Gewaltfreien Kommunikation: „gewaltfrei leben" und „Konflikte lösen". Die meisten Leute nutzen sie erst, wenn sie Konflikte haben. Ich wäre dafür, daß Paare schon in ihrer Verliebtheitsphase Gewaltfreie Kommunikation üben – damit sie gar nicht erst in so viele Streßsituationen kommen, die sie anschließend wieder bearbeiten müssen. Denn sie können von vornherein sicher sein, daß sie mit ihrem erlernten Wolfsverhalten Komplikationen kriegen werden – davon kannst du in jeder Beziehung mit großer Wahrscheinlichkeit ausgehen. Also wäre ich dafür, sie würden nicht nur ihre Wohnung einrichten und ihre Kinder planen, sondern sie würden auch ihre Kommunikation planen und sagen, wir besuchen jetzt eine Gruppe. Nicht, weil wir Probleme haben, sondern damit wir keine kriegen. Und dann können sie völlig entspannt die ganzen Dinge klären, können über ihre Werte sprechen, können sich ihre Bedürfnisse nennen, können sie Weltbilder abgleichen, können sie kleinere Reibereien sofort aufarbeiten ...

Und sie könnten sich gleichzeitig mit dem Geburtsvorbereitungskurs auf ihre Elternrolle und die Kommunikation mit ihren Kindern vorbereiten ...

Klaus-Dieter: Das würde ich auf jeden Fall ganz dringend allen werdenden Eltern empfehlen – sich schon während der Schwangerschaft oder wenn sie überhaupt anfangen, an ein Kind zu denken, mit Gewaltfreier Erziehung auseinanderzusetzen.
Für mich ist der prophylaktische Charakter der Gewaltfreien Kommunikation sehr wichtig. Ich empfehle allen: Kommt, solange es noch nicht kocht, dann läßt sich sehr viel mehr machen. Sonst muß man erstmal wieder durch die ganzen Verletzungen, die Ängste, die Schmerzen durch, bis man überhaupt wieder beim Training ankommt. Und für mich ist Gewaltfreie Kommunikation ein Kommunikationstraining.
Mir ist sehr wichtig, daß diese Botschaft bei Paaren ankommt: Lernt Gewaltfreie Kommunikation, so lange es euch gut geht.

Die Frage ist nur: Wie bringt man das unter die Leute? Denn das Muster, zu hoffen, daß es sich schon von alleine regeln wird, ist ja sehr verbreitet.

Klaus-Dieter: Leider gibt es immer noch dieses Weltbild: Wer Hilfe braucht, ist nicht in Ordnung. Ich sage: Wer sich Hilfe holt, ist in Ordnung. Außerdem werben wir immer weiter dafür, daß Gewaltfreie Kommunikation eine Lebensform ist und nicht nur ein Modell für Konfliktlösungen. Solange der Fokus nur in diese Richtung geht, heißt es natürlich: Erst wenn ich einen Konflikt habe, wende ich Gewaltfreie Kommunikation an.
Ich glaube, daß Gewaltfreie Kommunikation eine ganz andere Ausrichtung braucht – nämlich als ein Schulfach; etwas, das man lernt, um erwachsen zu werden. Es bedeutet, die Verantwortung für sich und für seine Entwicklung zu übernehmen. Mir war von Anfang an wichtig, daß Gewaltfreie Kommunikation eine Chance ist, anders zu leben, mit viel weniger Konflikten – und vor allem mit viel weniger schweren Konflikten. Respekt, Wertschätzung, Achtung – das alles sind Grundhaltungen, die ein Zusammenleben ermöglichen, das friedlicher ist. Und das ist mein Hauptanliegen – auch für mich selber. Ich will nicht so viele Konflikte haben, ich will einfach nur gut leben. Und in dieser Richtung möchte ich die Gewaltfreie Kommunikation weiter verbreiten.

12. Stellen Sie sich vor ...

Stellen Sie sich vor, Sie würden mit einer neuen Behandlung gegen Ihre chronischen Rückenschmerzen beginnen – und auf einmal sind nicht nur die verschwunden, sondern nach und nach auch Ihre Anfälligkeit für Erkältungen, Ihre Tendenz zu Magenverstimmungen, Ihre Birkenpollenallergie ... Etwa so könnte es laufen, nachdem Sie angefangen haben, mit Ihrem Partner oder Ihrer Partnerin gewaltfrei zu kommunizieren. Ob es das neue Bewußtsein im Umgang mit Sprache ist, das Wissen über die Magie der Einfühlung oder der Reichtum und die Würdigung der eigenen Gefühle und der Gefühle anderer: Sie werden wahrscheinlich gar nicht anders können, als das, was Sie an neuen Erfahrungen dazugewonnen haben, auch mit immer mehr anderen Menschen zu teilen.

Es dauert immer eine Weile, bis man anfängt, in einer anderen Sprache zu träumen. Wenn aus dieser Fremdsprache eines Tages Ihre neue Muttersprache geworden ist, werden Sie längst erkannt haben, was für ein kraftvolles gesellschaftspolitisches Potential diesem einfachen Kommunikationsmodell innewohnt. Sie werden viel experimentiert und vermutlich dabei festgestellt haben, daß in jeder Begegnung zwischen zwei Menschen die Möglichkeit besteht, einander das Leben schöner und reicher zu machen. Doch, sogar zwischen Ihnen und Ihrem Steuerprüfer, denn Sie haben mittlerweile Meisterschaft im wertfreien Beobachten erlangt und können zwischen Ihren Gefühlen und Ihren Gedanken unterscheiden. Von der Kassiererin im Supermarkt, die Sie früher mit ihrer Langsamkeit zur Raserei gebracht hat, wissen Sie inzwischen, daß sie zwei kleine Kinder großzieht und noch drei weitere Nebenjobs hat. Ihren Arbeitskollegen, der sich Ihrer Meinung nach allzu übereifrig um die Anerkennung des Chefs bemüht, finden Sie zwar immer noch nicht besonders sympathisch, aber zumindest haben Sie sich einmal in dessen innere Welt hineinversetzt, was eine friedliche Koexistenz zweier unterschiedlicher Wertesysteme ermöglicht hat. Und statt sich auf Langzeitkonflikte mit Ihren pubertierenden Kindern einzustellen, haben Sie schon seit langem einfühlsame Gespräche in den Mittelpunkt Ihres Familienlebens gestellt, und dort, wo es gilt, Ihre eigenen Grenzen respektiert zu wissen, sorgen Sie mit Klarheit und Integrität dafür, daß Ihre Bitten gehört werden können.

Noch mehr? Gern! In den Schulen ist Gewaltfreie Kommunikation fester Bestandteil des Lehrplans geworden, und weil auch das Lehrerkollegium regelmäßig an entsprechenden Fortbildungen teilnimmt, ist nicht nur die Gewalt an Schulen drastisch zurückgegangen, sondern auch der Einsatz von Bestrafungen und Demütigungen sowie die Häufigkeit des Burn-Out-Syndroms bei überforderten Pädagogen. Angesichts beständig sinkender Zuschauerzahlen und massiver Einbrüche bei den Werbeeinnahmen haben viele Fernsehsender neue Programmkonzepte eingeführt, die jedoch nicht annähernd an den Erfolg und die Beliebtheit des europäischen Gemeinschaftssenders „Giraffenkanal" anknüpfen können. Seitdem die UNO eine diesbezügliche Empfehlung ausgesprochen hat, werden bei politischen Konflikten und Krisengesprächen nur noch Vermittler eingesetzt, die auf Gewaltfreie Kommunikation spezialisiert sind. Und dies noch, wenn Sie wollen: Die Scheidungsquote hat, genau wie in den vergangenen Jahren, auch in diesem Jahr wieder einen historischen Tiefstand erreicht.

Gewaltfreie Kommunikation wirkt. Sie wirkt im Verborgenen, sie wirkt in der Tiefe, und sie wirkt zunehmend im Licht der Öffentlichkeit. Zu schön eigentlich, dieses Bild, um es nicht wahr werden zu lassen.

Anhang

Gefühlsworte, die auf erfüllte Bedürfnisse hinweisen

agil
aktiv
angenehm
anhänglich
anschmiegsam
arbeitsam
atemlos
attraktiv
aufgedreht
aufgekratzt
aufgeregt
aufmerksam
ausgeglichen
ausgelassen
begeistert
behäbig
behaglich
behände
belebt
beruhigt
berührt
beschaulich
beschwingt
besinnlich
beständig
beweglich
bewegt
bezaubert
blendend
dankbar
dynamisch
eifrig
ekstatisch
empfindsam
emsig
energievoll
enthusiastisch
entspannt
entzückt
erfüllt
ergriffen
erleichtert
erwartungsvoll
fantastisch
fasziniert
frei
freudig
freundlich
friedlich
frisch
froh
frohgemut
fröhlich
gebannt
geborgen
gelassen
gelöst
gemütlich
gesammelt
gesellig
gespannt
gesund
glücklich
gut
gut gelaunt
heiter
hellwach
herzlich
hingerissen
hoffnungsvoll
inspiriert
interessiert
klar
konzentriert
kräftig
lebendig
lebhaft
leicht
locker
lustig
lustvoll
motiviert
munter
mutig
neugierig
offen
optimistisch
quicklebendig
robust
romantisch
ruhig
sanftmütig
satt

schmelzend
schön
schöpferisch
schwungvoll
selbstsicher
selig
sich freuen
sicher
sorglos
spontan
spritzig
stabil
stark
still
stolz
tapfer
tatkräftig
tiefsinnig
träumerisch
überglücklich
übermütig
überrascht
überschäumend
überschwenglich
überwältigt
unabhängig
unbekümmert
unbeschwert
unbesorgt
unempfindlich
unerschütterlich
unverzagt
vergnügt
verliebt
verspielt
vertrauensvoll
verträumt
vertraut
verzaubert
wach
warmherzig
weich
weit
zart
zärtlich
zufrieden
zugeneigt
zugewandt
zuversichtlich

Gefühlsworte, die auf unerfüllte Bedürfnisse hinweisen

abgespannt
abwehrend
aggressiv
alarmiert
angespannt
angsterfüllt
ängstlich
antriebsarm
apathisch
ärgerlich
aufgekratzt
ausgelaugt
bedrückt
beklommen
benebelt
besorgt
bestürzt
betroffen
betrübt
beunruhigt
bitter
blockiert
deprimiert
distanziert
dumpf
durcheinander
durchgedreht
düster
eifersüchtig
einsam
Ekel
erschöpft
erschrocken
explosiv
fahrig
faul
frustriert
Furcht
gedankenverloren
gehemmt
geistesabwesend
geladen
gemein
giftig
gleichgültig
hart
hektisch
hilflos
in Panik
irritiert
jämmerlich
kalt
kaputt
kraftlos
krank
kribbelig
kühl
labil
lahm
lasch

leblos
leer
lethargisch
lustlos
miserabel
missmutig
müde
mutlos
nervös
panisch
passiv
peinlich
perplex
pessimistisch
rastlos
ratlos
resigniert
ruhelos
sauer
ich schäme mich
scheu
schläfrig
schlapp
schlecht
schockiert
schrecklich
schüchtern
schwach
schwer
schwermütig
sentimental
skeptisch
sorgenvoll
starr
teilnahmslos
todmüde
träge
traurig
trist
trotzig
trüb
trübsinnig
überwältigt
unausgeglichen
unbehaglich
unbequem
unerfüllt
ungeduldig
ungehalten
ungemütlich
unglücklich
unklar
unruhig
unsicher
unstetig
unter Druck
unwillig
unwohl
unzufrieden
verklemmt
verkrampft
verrückt
verschlossen
verspannt
verstört
verwirrt
verzweifelt
wehmütig
widerstrebend
widerwillig
wortkarg
wütend
zaghaft
zappelig
zermürbt
zittrig
zögerlich
zornig
zurückgezogen

Interpretation statt Gefühl

Oft benutzen Menschen die Formulierung: „**Ich fühle mich ...**" und benennen dann nicht ein wirkliches Gefühl, sondern eine Interpretation, einen Gedanken, eine Wahrnehmung ...

Ich fühle mich ...

angegriffen	ausgebeutet, ausgenutzt	bedroht
benutzt	betrogen	bevormundet
eingeengt	eingeschüchtert	festgenagelt
gequält	gezwungen	gestört
herabgesetzt	hintergangen	in die Enge getrieben
manipuliert	mißbraucht	mißverstanden
(nicht)		
-beachtet	-ernstgenommen	-geachtet
-gehört	-gesehen	-verstanden
-unterstützt	-respektiert	-wertgeschätzt
niedergemacht	provoziert	sabotiert
übergangen	unter Druck gesetzt	unterdrückt
ungewollt	uninteressant	unwichtig
verlassen	vernachlässigt	vernichtet
vertrieben	zurückgewiesen	

Identifizierung von „Interpretationsgefühlen":

Sätze wie:

- Ich habe das Gefühl, **daß ...**
- Ich fühle mich **nicht ...**
- Ich fühle mich, **als wenn ...** oder: Ich fühle mich **wie ...**
- Ich habe das Gefühl, **mein** Chef manipuliert ...

Es ist wahrscheinlich eine Interpretation,

- wenn es einen Täter geben kann,
- wenn ich fragen kann: Wie fühle ich mich, wenn ich denke, daß ich ausgenutzt werde und ein echtes Gefühlswort finde?

Ausdruck wirklicher Gefühle:

→ Ich **fühle mich** traurig.
→ Ich **fühle mich** ungeduldig.
→ Ich **fühle mich** froh ... besser noch: ich trauere, ich ängstige mich, ich bedaure, ich freue mich ... oder:

→ Ich **bin** glücklich, irritiert, hilflos ...

Bedürfnisse

Abwechslung
Aktivität
Akzeptanz
Aufmerksamkeit
Austausch
Ausgewogenheit
Authentizität
Autonomie
Bewegung
Beständigkeit
Bildung
Effektivität
Ehrlichkeit
Einfühlung
Entspannung
Entwicklung
Feiern
Freiheit
Freude/Spaß
Frieden
Geborgenheit
Gesundheit
Gemeinschaft
Glück
Harmonie
Identität
Initiative
Integrität
Inspiration
Intensität
Kultur
Kongruenz
Kontakt
Kraft
Kreativität
Lebensfreude
Liebe
Menschlichkeit
Mitgefühl
Nähe
Natur
Offenheit
Originalität
Ordnung
Respekt
Ruhe
Selbstbestimmung
Selbstverantwortung
Selbstverwirklichung
Sicherheit
Sinn
Schutz
Sexualität
Spiritualität
Struktur
Unterstützung
Verantwortung
Verbundenheit
Vergnügen
Vertrauen
Verständigung
wahrgenommen werden
Wärme
Wertschätzung
Zentriertheit
Zugehörigkeit

Diese Liste ist eine Auswahl – sie dient Ihrer Inspiration.

Über Marshall B. Rosenberg

Dr. Marshall B. Rosenberg ist Begründer des *Center for Nonviolent Communication* (CNVC), einer internationalen, gemeinnützigen Organisation.

Seit seiner Kindheit interessierte sich Dr. Rosenberg dafür, was Menschen zur Gewalt motiviert – und warum manche selbst unter schwierigsten Bedingungen statt Gewalt Mitgefühl einsetzten. Aufgewachsen in einem brodelnden Stadtteil von Detroit, brachten ihn seine eigenen Lebenserfahrungen und seine Studien auf die Suche nach einer neuen Form der Kommunikation als eine friedliche Alternative zur Gewalt.

1961 promovierte Dr. Rosenberg in klinischer Psychologie an der Universität von Wisconsin. Wenige Jahre später begann er, das Training der Gewaltfreien Kommunikation zu entwickeln. Seine Überzeugung, daß Menschen nicht von Natur aus gewalttätig sind, war die Basis seines Konzepts und den daraus entstandenen Strategien und Werkzeugen.

Um seine Arbeit noch effektiver weiterverbreiten zu können, gründete er 1984 das *Center for Nonviolent Communication*, dessen Aufgabe ein globales Ausbildungsprogramm für das Erlernen und Anwenden der Gewaltfreien Kommunikation ist. Mittlerweile gibt es Trainerteams und Organisatoren für Gewaltfreie Kommunikation in den USA, West- und Osteuropa, im Nahen Osten, Rußland, Indonesien, Malaysia, Indien, Sri Lanka, Nigeria, Sierra Leone, Ruanda, Burundi und einigen lateinamerikanischen Ländern.

Derzeit lebt Marshall B. Rosenberg in Wasserfallen in der Schweiz. Er leitet Workshops in Europa und den USA und reist regelmäßig in Krisengebiete in Afrika, Osteuropa und im Nahen Osten, wo er Ausbildungen und Konfliktmediationen durchführt.

Er ist Autor des Bestsellers „*Gewaltfreie Kommunikation*" (siehe Backcover) sowie weiterer Bücher und Booklets.

Das *Center for Nonviolent Communication*

ist eine internationale gemeinnützige Organisation, deren Vision eine Welt ist, in der die Bedürfnisse aller Menschen auf friedliche Weise erfüllt werden. Um diese Vision zu verwirklichen, fördert das CNVC die Schaffung lebensbereichernder Systeme – in den Menschen selbst, im Umgang miteinander und innerhalb von Organisationen.

Seit vielen Jahren trägt das *Center for Nonviolent Communication* zu einer umfassenden gesellschaftlichen Transformation des Denkens, Sprechens und Handelns bei. Gewaltfreie Kommunikation wird heute außer von Dr. Rosenberg von einem Team von über hundert zertifizierten Trainern auf der ganzen Welt gelehrt. Nähere Informationen über Projekte, Aktivitäten und andere Ressourcen bezüglich Gewaltfreier Kommunikation finden Sie auf der Website www.cnvc.org. Dort erscheint auch eine ständig aktualisierte Liste aller zertifizierten Trainer/innen für Gewaltfreie Kommunikation. Beiträge zur Unterstützung der Aktivitäten des CNVC sind willkommen.

Trainer im deutschsprachigen Raum

Informationen über Seminartermine mit Marshall B. Rosenberg, Links zu regionalen Zentren, Informationen über lokale Übungsgruppen sowie eine aktuelle Liste ausgebildeter Trainer/innen finden Sie unter **www.gewaltfrei.de**

Das Zentrum *Gewaltfreie Kommunikation Berlin* e.V.

Die Verbreitung der Gewaltfreien Kommunikation in Berlin begann mit der ersten Berliner Übungsgruppe *eisfrei* in Berlin-Spandau. Aus der ehrenamtlichen Arbeit von Klaus-Dieter Gens als Koordinator entstand 1996 der Conex-Verein zur Verbreitung der Methode in Nord- und Ostdeutschland. Wesentlicher Bestandteil war die Übersetzung von Broschüren und Büchern sowie der Versand von Infomaterial. Dies stand in enger Zusammenarbeit mit den Münchener Kollegen.

Seit dieser Zeit geben wir Seminare und haben regelmäßige Übungsgruppen. Nachdem Klaus-Dieter Gens 1999 als Trainer zertifiziert wurde, baute er das Zentrum in Berlin auf, das 2001 als gemeinnütziger Verein gegründet wurde. Im Herbst 2000 kam Katarina Schmidt hinzu.

Der Verein setzte sich als Aufgabe die Verbreitung Gewaltfreier Kommunikation durch

- → Informationen über die Gewaltfreie Kommunikation in Berlin und im deutschsprachigen Raum,
- → Versand von Broschüren und Audiomaterial,
- → Fortbildungsangebote,
- → Ausbildung zum Trainer / zur Trainerin,
- → Beratung, Supervision und Coaching,
- → Institutionsberatung zur Schaffung gewaltfreier Strukturen.

Wir sind ein eigenständiges Zentrum und nicht dem CNVC untergeordnet.

Unser Angebot:

- → Basisseminare und Einführungen (auch in Ihrer Einrichtung)
- → Intensivseminare sowie Ferienseminare in Malta, Andalusien und in der Toskana
- → Supervision, Einzelberatung und Coaching
- → Trainerausbildung in Berlin, Frankfurt/M. und Hamburg

Im Verein arbeiten Klaus-Dieter Gens als Trainer und Katarina Schmidt als Organisatorin (beide sind zert. Trainer) sowie Karin Sonne-Nijhoff (Öffentlichkeitsarbeit) und Monika Wolke (Materialversand).

Termine und weitere Einzelheiten finden Sie auf unserer Internetseite. Gerne senden wir Ihnen auch Infomaterial zu.

Kontakt:
www.gewaltfrei-berlin.de
Zentrum Gewaltfreie Kommunikation Berlin e.V.
Elfriede-Kuhr-Str. 37 • 12355 Berlin
Tel. 030-66 46 05 27 • Fax 030-66 46 05 37
eMail: klaus@gens.de

Conex – books and more
ein Projekt des Zentrums in Berlin

Hier erhalten Sie alle deutschsprachigen Broschüren, Bücher und Videos der Gewaltfreien Kommunikation sowie das gesamte Originalmaterial aus den USA, auch die Handpuppen und Ohren. Bitte fordern Sie eine Bestellliste an oder besuchen Sie unseren Internetshop unter: www.gewaltfrei.de/conex